Can you introduce the charm of Japan?

日本のたしなみ帖

和ごころ、こと始め。

customs

しきたり

折々の作法をたのしむ

自由国民社

Introduction

The pulse of traditional customs and practices continues to beat strongly in the lives of Japanese.

Consider the conventional practices and etiquette involved when it comes, for example, to the annual events that take place season after season, to the wakes and weddings with their deep connections to socializing with others, to the formal observances of human life marked as one ages, and even those observances that casually arise in daily life.

These customs, practices, and matters of etiquette in daily life may be described as "a wisdom about living" that were carefully cultivated over the months and years and handed down by our forerunners. At first glance, they may seem illogical or inefficient, but in fact they are well-suited to our personal beings and environments. This is because those traditional customs and practices were created based on the rich natural rhythms of this country, Japan.

We savor different seasonal foods as the months go by, cherish beautiful flowering plants, put on outfits apropos to the time of year, and take pleasure in a variety of traditional observances. The humble yet spiritually rich wisdom of living cultivated by the Japanese people since ancient times is one aspect of our culture that Japan can boast about to the world. Perhaps it can also be said that it is the accomplishment that allows today's Japanese to live happily.

To non-Japanese, these customs and practices may seem baffling. However, each of them has its origin (history)—each imbued with the sentiment of our forerunners. Learning of those histories through this book will make possible for you to get an even better feel for the charms of Japanese culture.

はじめに

日本の古き良き伝統が廃れつつあるいっぽう、私たちのふだんの暮らしをふりかえってみると、そこに伝統的なしきたりや習わしが脈々と息づいていることに気がつきます。

たとえば、季節の移ろいのなかで営まれる年中行事、人づきあいに深くかかわる冠婚葬祭、年齢を重ねるなかで迎える人生儀礼、そして何気ない日常の衣食住などにも、しきたりや作法といったものがあります。

そうしたしきたりや習わし、暮らしのなかの作法といったものは、長い年月にわたって、先人たちが大切に育み、伝承してきた〝生活の知恵〟と言えるでしょう。それは一見、非合理であったり非効率的であったりするもののように見えますが、じつのところ、私たちの身体や環境にもとても適したものなのです。なぜなら、伝統的なしきたりや習わしは、豊かな自然のリズムに基づいて生まれたものだからです。

明治に入るまで毎日の暮らしにリズムを与えていた旧暦（太陰太陽暦）は、月の満ち欠けに基づいた暦で、海の潮のみちひきにかかわるだけでなく、身体のリズムにも密接に関係しています。それはまた、春夏秋冬の季節のめぐりのなかで営まれてきた農耕の過程（種まきから収穫まで）にも、大きな影響を及ぼしています。

四季折々に旬の食べ物を味わい、美しい草花を愛で、時節にふさわしい身支度をし、さまざまな伝統行事を楽しむ。古来、人びとが培ってきた、つつましくもこころ豊かな暮らしの知恵は、自然と身体の摂理に基づいたものだったのです。そしてそれは、この豊かな自然のなかに生きる私たちにとって、世界に誇れる文化のひとつであり、現代人が健やかに幸せに人生を過ごすためのたしなみと言えるのではないでしょうか。

本書では、そんなしきたり・習わしについて、暮らしのさまざまな場面にそってご紹介します。まず「しきたりの基礎知識」として暦や節気、節句などについて解説し、第一章では年中行事におけるしきたりを、第二章では衣食住と人づきあいにおけるしきたり・マナーについて、そして第三章では、人生儀礼と冠婚葬祭におけるしきたりをご紹介します。

それぞれのしきたり・習わしにはどのような由来（歴史）があるのか、そこに先人のどのような気持ちが込められているのか。子どものころには不思議に思いつつも親しみ、おとなになってすっかり記憶の奥底にしまわれてしまった、先人の暮らしの知恵を思い返し、それを身につけることは、慌ただしい毎日のなかで、私たちの日常とこころに、彩りと愉しみをもたらしてくれることでしょう。

目次　しきたり

折々の作法をたのしむ

Japanese traditional customs

CONTENTS

しきたりの基礎知識

A basic understanding of Japanese customs

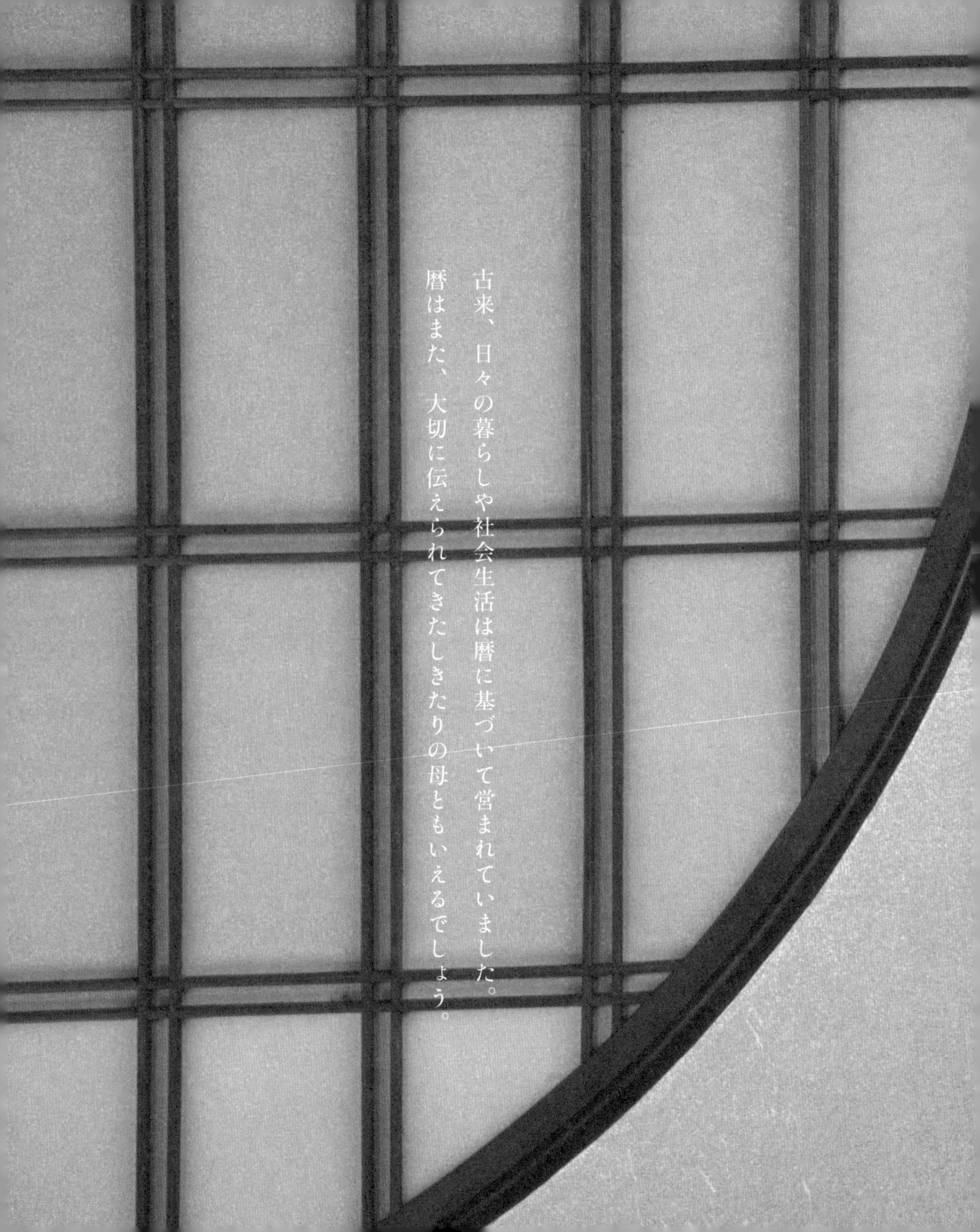

古来、日々の暮らしや社会生活は暦に基づいて営まれていました。
暦はまた、大切に伝えられてきたしきたりの母ともいえるでしょう。

神様と仏様を信仰する人びと

みなさんは、外国の人から「あなたが信仰する宗教は何ですか?」などと尋ねられ、困った経験はありませんか。日本で暮らす大多数の人たちは、その質問にどう応えたらよいか、思案してしまうのではないでしょうか。

家には神棚もあれば仏壇もある。初詣には神社にも参拝すればお寺にもお参りする。正月の行事やクリスマスを楽しむ一方で、お彼岸やお盆の行事も欠かさない。教会で結婚式を挙げ、かと思えば、葬儀は仏式だったりする。私たちにとって何気ないそんな光景は、とりわけキリスト教やイスラム教など、一神教といわれる宗教を信仰している人びとの目には、節操がなく、アンビリーバボーなものと映るかもしれません。

神様は自然の万物に宿っている

そもそも、日本に暮らす人びとは、太古のむかしからあらゆる自然の万物に神様を見いだし、崇めてきました。それは、「八百万《やおよろず》の神」といわれるように、太陽、月、土地、海、田畑、山、川、石などのほか、家畜や樹木、さらには家の中の台所や便所などにも神様が宿っているとする信仰です。自然の恵みと住みよい環境は、人びとの日々の営みに不可欠であったからこそ、それらが信仰の対象になってきたのでしょう。

それはやがて、日本固有の宗教である神道として発展・普及していくことになります。

一方、仏教は五三八年に日本に伝来した宗教で、飛鳥時代から奈良時代にかけて、国家鎮護を目的として広まります。平安時代になると庶民にも浸透し、やがて、神と仏は同じ信仰対象とする「神仏習合《しんぶつしゅうごう》」や、神は仏の仮の姿であるとする「本地垂迹説《ほんじすいじゃくせつ》」という考え方が現れてきます。

こうして、神様も仏様も崇拝するという日本独特の信仰が、広く受け入れられていくわけですが、明治時代の「神仏分離令」によって、神道が日本の国教として定められたのちも、その信仰心は連綿と受け継がれています。

しきたりに息づく私たちの信仰心

当時の人びとが神様と仏様をともに信仰するようになったのは、おそらく、どちらも日々の暮らしにかかわる身近で切実な存在だったからではないでしょうか。それはいまも変わらないでしょう。

いまに伝わる年中行事や数々のしきたり・習わしには、そうした日本の人びとの信仰心が息づいています。それはまた、宗教のいかんにかかわらず、この豊かな風土で培われ、伝承されてきた価値ある独自の文化でもあるのです。

月にちなむ旧暦と太陽にちなむ新暦

いまに伝わる伝統的な年中行事をはじめ、しきたりや習わしはたいてい、暦と密接にかかわっています。そこでまず、暦の種類とその歴史についてご紹介しましょう。

暦には主に、「太陽暦」「太陰暦」「太陰太陽暦」の三つがあります。私たちが現在採用しているのは「太陽暦」です。

明治の改暦で「グレゴリオ暦」を採用

太陽暦とは、地球が太陽を回る周期（公転）を基準とした暦法です。一般に新暦、陽暦、西暦ともいわれ、現在、世界の標準的な暦となっています。

太陽暦では、地球の公転一回が一年とされ、季節の周期と合致します。ただし、厳密には一年の時間は三六五日五時間四八分四六秒であるため、四年に一度、二月に閏日《うるうび》を設け、その誤差を解消します。そのためこれは、太陽にちなむ暦法といえるでしょう。

一五八二年にローマで完成された「グレゴリオ暦」は太陽暦のひとつで、これが日本に導入されたのは一八七二年（明治五）。この年の一二月三日（旧暦）を一八七三年（明治六）一月一日とする改暦が行われたのです。このときはさすがに大騒ぎになったようですが、それ以降、日本では現在までこの暦法が使われています。

一〇〇〇年以上使われた「太陰太陽暦」

太陰暦とは、月の満ち欠け、すなわち月が地球を回る周期を基準とした暦法です。

太陰暦では、月が地球の影に隠れてまったく見えなくなる「新月《しんげつ》」を第一日目（朔日＝ついたち）とし、「満月《まんげつ》」を経て、ふたたび新月になるまでの約二九・五日が一カ月となります。そして、その一二カ月が一年（約三五四日）となります。地球の公転がもたらす季節感とはずれることになりますが、イスラム暦では、イスラム教の重要な行事であるラマダーン（断食月）の時期を測るために、この太陰暦が使われています。

太陰暦に基づきながら、季節の移り変わりを考慮した暦法が太陰太陽暦です。一般に旧暦、陰暦といわれ、中国暦、ユダヤ暦などで使われています。

太陰暦の一年は約三五四日であるため、一九年に七度、閏月《うるうづき》を設け、一年を一三カ月として調整します。

太陰太陽暦は、およそ三五〇〇年前の古代中国でつくられた暦法で、日本には飛鳥時代に伝わり、一八七二年（明治五）の改暦までおよそ一二〇〇年のあいだ使われました。そのため、江戸時代以前に起源をもつ行事や習慣は、この暦法に基づいています。

二十四節気・雑節は農作業の暦

季節の目安となる重要な暦に、「二十四節気《にじゅうしせっき》」があります。

二十四節気とは、古代中国でつくられ、江戸時代に導入された季節の区分法で、黄道（地球から見て太陽が移動する天球上の経路）に基づいて、一年を二四等分（春夏秋冬のそれぞれを六等分）したものです。

春：立春《りっしゅん》　雨水《うすい》　啓蟄《けいちつ》　春分《しゅんぶん》　清明《せいめい》　穀雨《こくう》

夏：立夏《りっか》　小満《しょうまん》　芒種《ぼうしゅ》　夏至《げし》　小暑《しょうしょ》　大暑《たいしょ》

秋：立秋《りっしゅう》　処暑《しょしょ》　白露《はくろ》　秋分《しゅうぶん》　寒露《かんろ》　霜降《そうこう》

冬：立冬《りっとう》　小雪《しょうせつ》　大雪《たいせつ》　冬至《とうじ》　小寒《しょうかん》　大寒《だいかん》

これらの漢字を見るだけで、季節感が伝わってくるようです。

ところで、二十四節気は立春を起点とし、一五日単位で季節を表しますが、さらにこれを「初候」「次候」「末候」として三等分し、動物や植物の様子で季節・気候を表したのが「七十二候」です。江戸時代の貞享の改暦（一六八四年）のさいには、暦学者の渋川春海による日本の気候にそくした「本朝七十二候」が採用されました。

季節感に合わせて独自につくられた節目

季節感を表す二十四節気や七十二候は、中国の黄河流域の気候に基づいた区分であったため、日本の気候とは若干のずれがありました。そこで、二十四節気に補足して、日本の季節感に合わせて独自につくられたのが次に示す九種類の「雑節」です。

節分《せつぶん》：立春、立夏、立秋、立冬の前日。現在は立春の前日にあたる節分が知られる。
彼岸《ひがん》：春分と秋分を挟む前後三日間。先祖供養の習慣がある。
社日《しゃにち》：春分と秋分に最も近い戊《つちのえ》の日。田の神を祀る。
八十八夜《はちじゅうはちや》：春分から数えて八八日目。農作物の種まきの時期。
入梅《にゅうばい》：太陽が黄経八〇度を過ぎる頃。梅雨入りの時期。
半夏生《はんげしょう》：夏至から一一日目。田植えを終える時期。
土用《どよう》：立春、立夏、立秋、立冬の前の一八日間。現在は夏の土用が知られる。
二百十日《にひゃくとおか》：立春から数えて二一〇日目。台風に備える時期。
二百二十日《にひゃくはつか》：立春から数えて二二〇日目。天候が荒れる厄日とされる。

二十四節気と雑節は、日々の暮らし、とりわけ農作業に欠かせない季節の目安として広がり、節分やお彼岸、あるいは夏至や冬至など、いまでもなじみ深い行事や風習が各地に伝えられています（本書第一章および巻末の「春夏秋冬しきたり一覧」を参照）。

季節の節目を意味する五節句

私たちになじみ深い年中行事のひとつに節句（節供）があります。すなわち、七草粥を食べる一月七日、ひな祭りの三月三日、こどもの日の五月五日、七夕《たなばた》の日で知られる七月七日、秋の到来を告げる九月九日の五つの節句です。

五節句それぞれのいわれは次のとおりです。

人日《じんじつ》（一月七日）：中国では古来、一月七日に「人」を占ったことから、「人日」と呼ばれる。春の七草を入れたお粥を食べ、一年の無病息災を祈る習わしがある。「七草の節句」ともいわれる。

上巳《じょうし》（三月三日）：古代中国では、旧暦三月の最初の巳《み》の日を「上巳」といい、この日に川で穢れを浄め、邪気を祓う風習があった。「桃の節句」とも、三が重なることから「重三《ちょうさん》」ともいわれる。

端午《たんご》（五月五日）：端午とは月初めの午《うま》の日のこと。五月のこの日に薬草であった菖蒲《しょうぶ》を使って邪気や疫病を祓う風習があった。「菖蒲の節句」とも「重五《ちょうご》」ともいわれる。

七夕《しちせき》（七月七日）：織姫と彦星が一年に一度、この日に出会うという古代中国の故事にちなんだ暦。古くは先祖の御霊《みたま》の衣服を織って供え、穢れを祓う風習に由来するとされる。「星の節供」とも「七夕《たなばた》」ともいわれる。

重陽《ちょうよう》（九月九日）：古代中国では、この日に長生きの効能があるとされる菊酒を飲んで不老長寿を願う風習があった。「菊の節句」「重九《ちょうく》」「お九日《くにち》」ともいわれる。

旬のご馳走で折々の邪気を祓う

五節句とは、中国の唐の時代に定められた暦のひとつです。節句の「節」は季節の節目を意味し、奇数の重なる旧暦の月日に、それぞれの季節の植物を用いて邪気を祓う習わしがありました（一月一日は元日として別格）。

また、節句はもともと「節供」と表し、季節のご馳走を意味します。縁起のよい日に旬の食材で料理とお酒をつくり、神様にお供えしつつそれらをいただき、体調をくずしやすい季節の変わり目の滋養としていたわけです。

五節句の暦は、日本には奈良時代に伝わり、平安時代には帝に供物を捧げ、邪気を祓う宮中の行事として定着していきます。江戸時代には公的な行事を行う祝日となり、庶民にも広く浸透していきましたが、明治の改暦で廃止されます。しかしながら、新暦となっても日付がそのまま適用されて、いまなお身近な年中行事として日々の暮らしに根づいています。

日々の暮らしに根づく干支と六曜

生まれ年や年賀状でおなじみの干支《えと》も、知っておきたいしきたりの知識です。

干支とは、正しくは「かんし」と読み、十干《じっかん》（甲・乙・丙・丁・戊・己・庚・辛・壬・癸）と、十二支《じゅうにし》（子・丑・寅・卯・辰・巳・午・未・申・酉・戌・亥）を組み合わせた十干十二支のこと。古代中国が発祥とされ、日本には飛鳥時代に伝わったといわれています。

十干とはもともと、日を数える数詞で、甲から始まる一〇日間をひとつのサイクルとしていました。十二支は、年だけでなく、時刻や方位を示す言葉としても使われていました。

この十干と十二支の組み合わせは、一〇と一二の最小公倍数が六〇となるので、甲子から癸亥まで六〇種類。「還暦」とは、六〇年で干支がひとめぐりすることに由来します。

十二支はまた、土用の丑《うし》の日や亥《い》の子《こ》、酉《とり》の市、戌《いぬ》の日など、身近な年中行事とも結びついて、いまなお親しまれています。

干支は陰陽《いんよう》五行《ごぎょう》説《せつ》と結びついて、吉凶を占うことにも用いられました。

陰陽五行説とは、古代中国で生まれた陰陽説と五行説が結びついた思想です。陰陽説とは、万物はすべて陰と陽という性質に分類され、万物の生成と消滅はその陰陽によって起こるとする考え方。五行説とは、万物は木、火、土、金、水の五つの物質から成り立っているとする考え方で、陰陽五行説は暦をはじめ、占い、医学などにも大きな影響を与えました。奇数は縁起がよいとか、その年の恵方《えほう》なども、これにちなむものです。

その日の吉凶を占う「六曜」

結婚式など、おめでたい行事をするには「大安」や「友引」に、お葬式は「仏滅」に、といったしきたりは、いまでもよく耳にします。カレンダーの暦注にも見られる六つの言葉は「六曜」といわれ、その日の吉凶を示します。

先勝《せんしょう》：「先んずれば勝つ」の意味で、午前が吉、午後を凶とする日。
友引《ともびき》：朝夕は吉、正午は凶とする日。「友を引く」の意味から弔事はさける。
先負《せんぶ》：午前は凶、午後は吉とする日。勝負や急用はさけるのがよい。
仏滅《ぶつめつ》：何事も凶とする大悪日。慶事は慎む。
大安《たいあん》：何事も吉とする日。結婚式など慶事にふさわしい日。
赤口《しゃっこう》：大凶だが正午は吉とする日。慶事は慎む。

六曜は、一説には『三国志』で知られる諸葛孔明が、戦《いくさ》の吉凶を占ったことに由来するともいわれますが、もともとは旧暦一月一日を先勝とし、前記の順番で六日間をひとつの周期とする暦法だったようです。日本には室町時代に中国から伝わったとされ、江戸時代後期には、主に冠婚葬祭の日取りを占うものとして、庶民にも広く浸透しました。

しきたりのある暮らし
画・文 川口澄子
その1
しきたりって何？
海外の友人と一緒に説明しよう!!
文化としてその土地や集団で昔からしてきたことが、しきたり
日本
ごはん茶碗、お椀は手で持とうね
お行儀わるいよー
韓国
えっ
ごはん茶碗も手に持たない
スープはスプーンで
碗に口はつけない
スープ碗は陶磁器で大きい
イタリア
お皿は手に持たない
フンッ
行儀ワルイネ

バングラデシュでは右手で食べます
手でごはんとカレーを混ぜ、
指先に集めて
親指で押しながら口に入れる
日本でも手で食べても行儀がわるいといわれない食べ物があるね
おむすび
ホットドッグ
はーいしつもーん
日本にいる時はどうするの？
スープどうぞー
茶碗、お椀持ちますよー
韓国人の友人Jさん
日本で働いてます
おかげで
日本式に慣れすぎて帰国した時友人に叱られてしまいました
ハッ
ちょっと!!

世界共通ではない、それが文化ネ
食べる道具もそれぞれ
ことばもそれぞれ
日本国内でも共通ではないしきたりがあるよ
たとえば、香典袋の水引
18歳まで関西で去ち、その後21年間の関東住まいののち今また関西に戻ってその違いにびっくり
関東で使っていた香典袋
双銀
白
黒
白
黄
あれ？
お母さん、水引が黄色いの何コレ?!
あー、それ法事用やわ子供やったから知らんわねぇ
双銀のは関西ではあまり見たことないなあ
黒と白のは使うで

しきたりとかマナーとかきゅうくつ!!めんどくさ!!
水引の色とかそんなんどーでもええやん!!
おなかすいたー
そうやね、どうでもええことにきまりを作って守りあう
犬や猫や赤ちゃんはしないいね
このたびは…
きまりがあるといちいち考えなくていいから人づきあいがスムーズよ
仏さんからやで
はい、みかん
ありがとう
お互いが通じ合える態度で気もちを表すこれもしきたりのひとつなり

第一章

季節をあじわうしきたり

chapter 1
Seasonal traditions

四つの季節は、自然の恵みとともに、豊かな心をも授けてくれます。
長い歳月をへて伝えられてきた年中行事には、
いにしえの人びとの祈りを感じることができます。

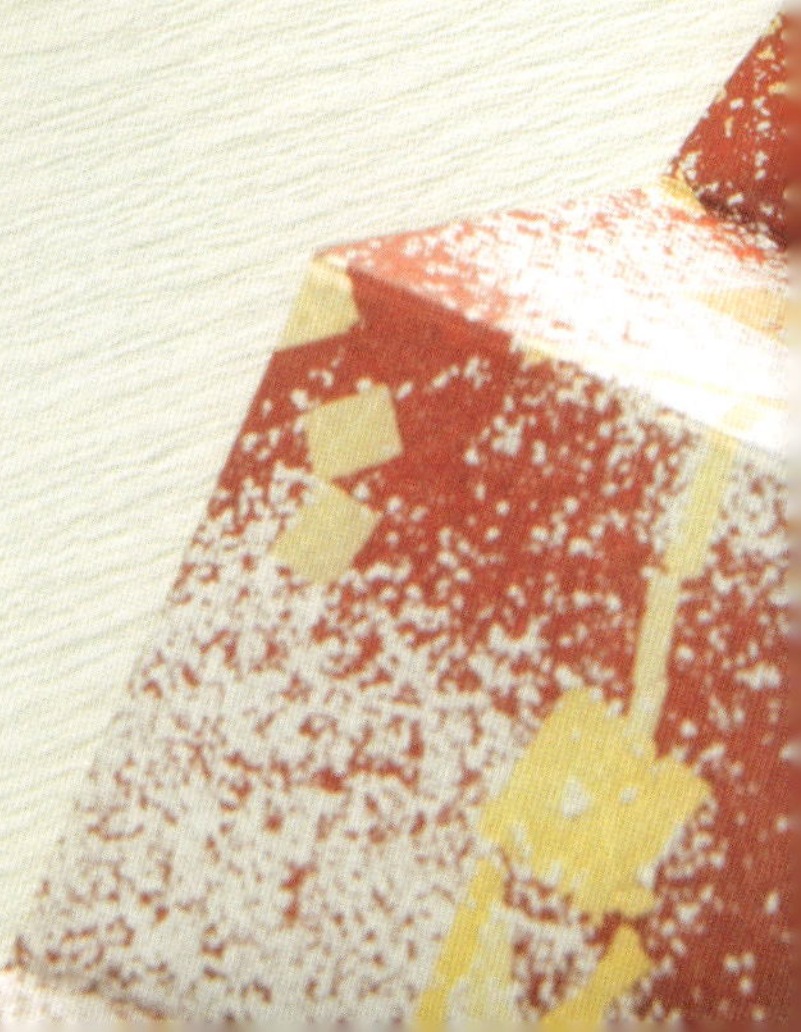

正月のしきたり

日本の新年は、「明けましておめでとうございます」から始まります。一年の中でもとくに正月は、伝統的なしきたりや習わしが色濃く、そして数多く伝えられています。

新しい年の無病息災を祈る正月行事

正月に神社やお寺に参拝して一年の健康と幸せを祈る「初詣」は、古くは家長が一族繁栄を祈願し、大晦日の夜から元日の朝にかけて氏神様の社にこもる「年籠《としごも》り」という習わしが起源といわれています。本来は氏神様に参拝するのがしきたりですが、近年では恵方（その年の縁起のよい方角）やご利益に応じた神社・お寺に参拝する人も多いようです。初詣は、元日から七日までの「松の内」にすることとされています。

七草粥を食べる風習が伝わる一月七日は「人日《じんじつ》の節句」です。五節句の一つで「七草の節句」ともいわれます。古来中国では、正月一日に鶏、二日に狗、三日に羊、四日に猪、五日に牛、六日に馬、七日に人、八日に穀の吉凶を占ったとされ、それぞれの日には殺生を禁じられました。「人日」とはこの故事にちなみます。

七草の入った粥を食べ、一年の無病息災を祈る習慣は、平安時代から見られ、江戸時代以降、幕府の公式行事となり、一般に広まりました。

七草とは「せり、なずな、ごぎょう、はこべら、ほとけのざ、すずな、すずしろ」の春の七草。七草粥を一月七日に食べると、邪気を祓い、長寿や富を得られると伝えられています。これにはまた、疲れた胃を休め、冬場に不足しがちな野菜類を補う役割もあったようです。せりは消化促進、なずなは内臓の働きを助け、ごぎょうは吐き気に効き、はこべらは利尿作用があり、ほとけのざは歯痛を鎮め、すずなは消化を助け、すずしろは胃痛・神経痛によいとされています。

ちなみに、一月七日は新年になって初めて爪を切る日との言い伝えもあります。

一月一一日に行われるのが「鏡開き」です。これは、正月に歳神様に供えた鏡餅を木槌で割って食べる古くからの儀式。男性が武具に、女性が鏡台に供えていた餅を割って食べたという、江戸時代の武家の風習が始まりとされています。鏡餅を割ってお雑煮やお汁粉に入れるのが一般的ですが、焼いたり揚げたりしていただくのもよいでしょう。

いまでは一月の第二月曜日の国民の祝日になっている「成人の日」。古来、成人の通過儀礼だった元服《げんぷく》の儀は、小正月（旧暦一月一五日）に行われていました。成人の儀礼については本書九八頁をご覧ください。

正月に飾った門松《かどまつ》や注連縄《しめなわ》、あるいは書き初めで書いたものなどを焚く行事として知られる「どんど焼き」は、一月七日、一四日、一五日などに行われています。この行事は平安時代、木の槌をつけた杖（毬杖）を三本束ねて焼いたことから三毬杖《さぎちょう》（左義長）とも呼ばれます。地域によっては縁起物のだるまが焼かれるところもありますが、この火で焼いた餅を食べると病気をしない、書き初めを燃やしたときに炎が高く上がると書道が上達する、といった言い伝えがあります。

おめでたい正月料理のいわれ

正月料理といえば、何といっても「お節《せち》」でしょう。これはそもそも歳神様への供物で、古くから、お節を一家でいただき、一年の無病息災と家内安全を祈願する習わしがありました。歳神様をお迎えする間は煮炊きを慎まなければならないためとか、家事を担う女性を休ませるため、ともいわれています。詳しくは次頁をご覧ください。

「お雑煮」も歳神様にお供えした餅をいただく習わしに由来します。室町時代から見られますが、当時は餅の代わりに里芋を入れていたようで、餅を入れるようになったのは江戸時代になってから。お雑煮に入れる餅は、西日本は丸餅、東日本では角餅が一般的です（本書一〇五頁参照）。汁は、関西地方は白味噌仕立て、近畿以外の西日本と東日本はすまし、出雲地方や能登半島の一部では小豆汁と、地域によってさまざまです。

お節料理

◎一の重

黒豆、数の子、田作り（関西ではたたきごぼう）を中心に、彩りよく詰めます。黒豆には、まめに（勤勉に、健康に）暮らせるようにとの願いが込められています。数の子は子孫繁栄、田作りは豊作祈願、たたきごぼうは開運の縁起にちなむ食物です。

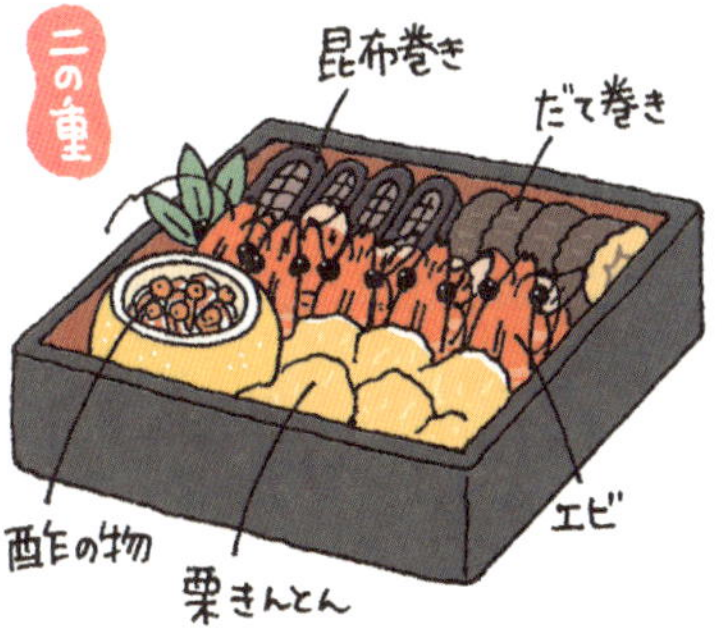

◎二の重

焼き物、酢の物を中心に詰めます。昆布巻きは「よころぶ」にちなんで、だて巻きは「巻物」を表すことから学問・文化の発展を意味し、エビは長寿を象徴しています。栗きんとんは「金団（きんとん）」と書くことから商売繁盛・金運をもたらす食物といわれています。

◎三の重

煮物を中心に詰めます。煮しめには家族仲良く結束するという意味があります。里芋は小芋がたくさんできることから子宝への願いが込められています。

お重は、四隅から形の決まったもの（かまぼこ、だて巻きなど）から詰めるとよいでしょう。料理の数と種類は、縁起がよいとされる奇数にします。正月三が日は祝い箸として両細で中太の丈夫な柳箸を使います。柳箸にはその形にちなんで、子孫繁栄の願いが込められています。

新年最初の食事のさいにいただくのが「お屠蘇《とそ》」です。これには「鬼気を祓い、人魂を蘇らせる」という意味があり、元旦に飲むとその年は病気しないと言い伝えられています。中国の唐の時代、風邪の予防に処方されたのが始まりとされますが、中国ではすでに廃れ、日本にだけ残っている慣習です。

伝統的な正月の遊び

正月の風物詩といえば、家族や親戚が集まって楽しむ遊びといえるでしょう。「凧上げ」はその一つ。江戸時代、奉行人が実家へ帰って休む藪入りの日（旧暦一月一五日、一六日）に凧を上げて遊ぶようになったことから、正月の遊びとして定着しました。大阪では二月、長崎では四月に見られ、地域によって凧上げの時期は異なるようです。

「かるた」も正月ならではの遊びです。藤原定家の「小倉百人一首」を覚えるために行われていた行事が、江戸時代以降、正月の遊びとして定着。読み手が上の句を読み、下の句が書かれた取り札を複数の取り手が競って取る「散らし取り」や、歌人の絵が描かれた読み札のみを使う「坊主めくり」などの遊び方があります。

「羽根突き」は、「厄をはねる」として縁起を担いだ正月の遊びです。羽根は無患子《むくろじ》という落葉樹の種に羽を差したもので、「患うことが無い」という縁起もあります。江戸時代から庶民の遊びとして広がりました。遊び方には、二人で行う「追羽根」と、一人で続けて突く「突羽根」があります。
「福笑い」は、縁起がよいとされる「お亀」「お多福」の目や鼻など、顔のパーツを目隠しして並べ、出来上がった顔の面白さを楽しむ素朴な遊び。江戸時代後期から庶民の間で広まり、明治の頃に正月の遊びとして定着しました。

一年で最も寒い季節の習わし

正月はまた、一年で最も寒い季節でもあります。「寒の入り」は、冬至《とうじ》と大寒《だいかん》の中間にあたる「小寒《しょうかん》」（一月五日頃）から始まり、節分までのおよそひと月が「寒の内」といわれます。寒中見舞いは「寒の内」に出すのがしきたり。また、この時期には真水を浴びて邪気を祓う寒中禊《みそぎ》、武道の寒稽古、寒中水泳などの行事が各地で行われます。

立春までのおよそ一八日間にあたる雑節が「冬の土用」です。土用といえば、鰻を食べる「夏の土用」が知られていますが、この雑節は四つの季節の変わり目にあります。

江戸時代には、冬の土用の丑《うし》の日に、「丑紅《うしべに》」と呼ばれる女性用の紅が売り出され、女性の口中の荒れや、子どもの疱瘡《ほうそう》、便秘などにも効くとして重宝されていました。明治時代までは「寒紅《かんべに》売り」の習慣があったそうです。

コラム 神社・お寺への参拝の作法

正月の初詣には、氏神様やご利益に応じた神社、あるいは近くのお寺に参拝する人も多いことでしょう。また、いつの日か外国のお客さんを観光スポットになっている神社仏閣に案内する機会があるかもしれません。

そこで、神社仏閣への参拝の作法をおさらいしておきましょう。

神社とお寺での作法の違い

神社に参拝するときの作法は次頁のとおりです。

お寺に参拝するときの作法は、神社参拝の作法とだいたい同じですが、用語を含め、いくつか異なることがあります。

境内の出入り口を示すのは、神社は鳥居、お寺は山門といいます。お寺には神社にあるような鈴はありません。その代わり、お寺では礼拝の前に、蠟燭や線香を供えます。これをそれぞれ「献灯」「献香」といい、一般的に、蠟燭・線香ともそれぞれ一本ずつ供えます（線香の本数は宗派によって決められている場合があります）。

お寺での礼拝では、神社参拝のように手を打ちません。姿勢を正し、静かに合掌して一礼します。

初詣や縁日、その他の行事以外で神社に参拝するさいは、毎月一日と一五日がよいとされています。これは、旧暦では新月と満月の日にあたるため、その名残りと考えられますが、大安や友引に参拝する人も多いようです。また、近親者の忌中（死後四九日まで）には、神社への参拝は控えるのがよいでしょう。

お守り・お札のはなし

神社やお寺に参拝して、お守りやお札を求める人も多いと思いますが、ここで注意しなければならないことがあります。

お守りやお札は、「買うもの」ではありません。それは商品ではなく、境内にある「授与所」で「授与（頒布）されるもの」であり、「お受けするもの」なのです。

私たちが納めるのは「冥加金」と呼ばれる、神仏から授けられたご加護に対する謝礼とされます。

こうした作法を心がけて、心を込めて参拝したいものです。

参拝の作法

①鳥居をくぐる前に、気持ちを落ち着かせて一礼します。参道の中央は神様が通る場所といわれますので、左右どちらかに寄って参道を歩きます。

②拝殿の前にある手水舎（ちょうずや）で、左手→右手→口の順に清めます。口は左手に受けた水ですすぎ、最後にその左手を清めます。そして、お賽銭を賽銭箱に静かに投げ入れます。

③鈴は軽く一礼をしてから鳴らします。鈴の音は邪気を祓うといわれます。

④まず二回、深くお辞儀をし、神様への敬意を表します（二拝・二礼）。

⑤両手の掌を胸の高さで合わせ、右手を少し下にずらして二回拍手します（二拍手）。その後、掌を合わせて心を込めて祈ります。拍手は神様を招き、その力を授かる所作といわれます。

⑥最後に一回、深くお辞儀をし、神様を送り返し感謝の気持ちを表します（一拝・一礼）。

「二拝二拍手一拝」という参拝の作法は、1868年（明治元）に明治政府が「神仏分離令」を発布したさいに定めた祭式（「明治祭式」）で統一されたものですが、出雲大社（島根）や、全国の八幡宮の総本社である宇佐神宮（大分）では四拍手とされています。

春のしきたり

春は、生き物たちが冬ごもりから目覚め、草花が生き生きと咲きほころぶ季節です。暦のうえでは立春《りっしゅん》（新暦二月四日頃）から立夏《りっか》（新暦五月五日頃）まで。私たちの季節感とは若干ずれますが、伝統的な行事や習わしは旧暦に基づいているものが多いため、本書では暦に従って二月、三月、四月を春とします。

立春はかつて、一年の始まりとされていました。年賀状で見られる「迎春」「頌春」「新春」といった言葉はその名残りといえるでしょう。

節分は旧暦の年越しの行事

豆まきや恵方巻で親しまれている「節分」は、文字通り季節の分かれ目を表す言葉で、立春の前日にあたる雑節の一つです。新暦では二月三日頃。節分は、かつては大晦日にあたり、古くから新年を迎えるために邪気や疫病を祓う行事が行われていました。節分の習わしは、古代中国で行われていた大晦日の行事が奈良時代に伝わったとされます。

豆まき行事は、室町時代以降に始まり、江戸時代には一般庶民に広まりました。邪気を祓う霊力があるとされる福豆を、歳神様に供えた後、年男（あるいは家長）が「鬼は外、福は内」と唱えながらまき、まかれた福豆を自分の年齢の数より一つ多く拾って食べ、一年の無病息災を祈願します。福豆を年齢の数より一つ多く食べる習慣は、これが年取りの行事だったことの名残りです。

節分にはまた、柊の枝と焼いた鰯の頭を門戸に飾る風習があります。これは「柊鰯《ひいらぎいわし》」と呼ばれ、鰯の臭いに誘われた鬼の目を、柊の葉の棘で刺して邪気を祓う、という言い伝えがあります。紀貫之《きのつらゆき》が平安時代に著した『土佐日記』の元日の項には「柊の枝となよし（ボラ）の頭をさした注連縄を思い出す」との一文が見られます。

近年、全国的に浸透した節分の習慣に「恵方巻《えほうまき》」があります。恵方とは、その年の福徳を司る歳徳神《としとくじん》がいるとされる方角のこと。節分に恵方に向かって太巻きを丸ごと一本、無言で食べると願い事が叶うという言い伝えがあります。一本の太巻きは、鬼のこん棒にたとえられ、厄を祓い、福を巻き込み、縁を切らないという意味が込められています。

恵方巻の起源には諸説ありますが、かつては「丸かぶり寿司」「節分の巻き寿司」などとも呼ばれていました。一九七〇年代以降、大阪を中心とした関西地域で広まったとされ、いまでは節分の新たな習わしとして、全国的に知られるようになっています。

春の到来を告げる伝統行事

節分の翌日が立春です。かつては新しい年の始まりとされてい

ましたが、立春は二十四節気の一つで、月の満ち欠けに基づいた太陰太陽暦（旧暦）の「旧正月」とは異なります。

旧正月は、二十四節気の雨水《うすい》（新暦二月一九日頃）の直前の朔日《ついたち》（新月）のこと。この日が旧暦の元日となり、新暦では年によって一月二二日から二月一九日までの間を移動することになります。朔日を元日として始まる新年を「大正月」といい、一五日の望の日（満月）を「小正月」といいます。旧正月は、中国では「春節《しゅんせつ》」と呼ばれ、いまでも新年を祝う行事が新暦の正月よりも盛大に行われます。旧正月を新年として祝う習慣は、韓国や台湾、ベトナム、モンゴルでも見られます。

日本では、一八七三（明治六）年一月一日から新暦の一月を新年として祝うようになりましたが、沖縄、奄美地方の一部では旧正月を新年として祝う風習が残っているところもあります。また、横浜の中華街、神戸の南京町、長崎新地の中華街などでは旧正月に春節の行事が行われ、獅子舞や爆竹はこの時季の風物詩となっています。

「針供養」の行事は、関東では二月八日、関西や九州では一二月八日に行われます。これは、日頃の裁縫仕事で折れたり曲がったりした針を、こんにゃくや豆腐、餅などに刺して供養し、紙に包んで近くの淡島神社に納め、針に感謝し、裁縫の上達を祈る行事で、この日は針仕事を休んで針を使わないのが習わしです。関東では浅草寺境内の淡島堂、関西では京都の法輪寺や和歌山の淡島神社で行われる針供養が知られています。

こんにゃくや豆腐に針を刺すのは、軟らかいもので針に楽をさせ、これまでのお勤めを労い感謝するためで、針を川や海に流す風習が残る地域もあるようです。

三月三日の行事と習わし

ひな祭りで知られる三月三日は、江戸時代に定められた五節句の一つ「上巳《じょうし》の節句」です。三が重なることから「重三《ちょうさん》」ともいわれ、俗に「桃の節句」とも呼ばれます。

古代中国では、旧暦三月の最初の巳の日を「上巳」といい、この日に川で穢れを浄め、魔除けの力をもつといわれる桃の酒を飲んで邪気を祓う風習がありました。それが日本に伝わり、平安時代から行われていた厄を人形に託して祓う風習や、貴族の女子が人形で遊ぶ雛遊《ひいなあそ》びなどが結び付いて、ひな祭りの原型となったとされます。

ひな祭りは、女の子の成長を祝う行事としていまに伝えられていますが、雛人形が飾られるようになったのは室町時代以降のこと。雛壇のお内裏様の飾り方は、関東では向かって左側に男雛、右側に女雛とするのが一般的で、関西ではその逆になります。三月三日を過ぎても飾っていると婚期が遅くなるとの言い伝えは、一説には「早く片付く（嫁に行く）」に掛けられているからとも。穢れ

の形代《かたしろ》として、人形を川や海へ流す「雛流し」の風習が残る地域もあります。

先祖の霊を家に迎える春の彼岸

「暑さ寒さも彼岸まで」といわれるように、春分《しゅんぶん》（新暦三月二一日頃）の頃には寒さが緩み、春の気配が感じられるようになります。春の彼岸は、春分を中日として前後三日ずつ、合わせて七日間の仏教に由来する行事です。

彼岸とは「河の向こう岸」を意味する仏教用語で、この世の此岸《しがん》に対し、生死を超えた悟りの境地のこと。この期間中は、多くの寺院で行われる彼岸会《ひがんえ》という法要に参加したり、先祖のお墓参りをするのがしきたりです。また、彼岸には先祖の霊が家に帰ってくるとされ、仏壇に牡丹餅《ぼたもち》や団子、海苔巻き、いなり寿司などを供えて先祖を迎えます。

春分に最も近い戊《つちのえ》の日が春の社日《しゃにち》。雑節の一つで、この日に産土神《うぶすながみ》（土地の守護神）を祀り、農作物の豊作を祈る風習があります。これは中国の風習が伝わったもので、日本では春の社日は種蒔きの時期にあたり、この日を節目にその年の農作業が始まります。

満開の桜を愛でる習わし

春を楽しむ行事のひとつに「花見」があります。その始まりは、平安時代の宮中で催されていた宴とされますが、日本人が桜を愛でる習慣には、なんと長い歴史があることでしょう。とはいえ、奈良時代には花といえば梅を意味していました。平安時代の桜とは山桜のことで、私たちになじみ深いソメイヨシノは、江戸時代末期から明治にかけて全国に広まったといわれています。咲きほこる桜を見ながら飲食を楽しむのが、日本の花見のスタイルです。

関東近郊で桜が満開になる頃、四月八日にはお釈迦様の誕生日を祝う行事があります。これは「灌仏会《かんぶつえ》」「降誕会《ごうたんえ》」「仏生会《ぶっしょうえ》」などと呼ばれる法会で、この時期にちなんで「花祭り」ともいわれます。お釈迦様の誕生のさい、龍が天からやってきて甘露の雨を注いだ、という伝説があり、それにちなんで日本では、花で飾った花御堂《はなみどう》を作り、その中の水盤に誕生仏を置いて、そこに柄杓で甘茶をかけるようになりました。この甘茶を飲むと厄除けになるという言い伝えもあり、持ち帰って家族で飲む習慣がある地域もあります。

立春から数えて八八日目にあたる雑節が「八十八夜《はちじゅうはちや》」です。新暦では五月二日頃。八という末広がりの文字が重なることから、この頃に摘み取られる新茶は、古くから不老長寿の縁起物として珍重されてきました。また、「八十八夜の別れ霜」ということわざのとおり、この頃から霜の害の心配はなくなるとされ、お米や農作物の種蒔きに最適な季節といわれています。八十八は「米」とも読めるため、それにちなんで稲作にかかわる神事が各地で行われます。

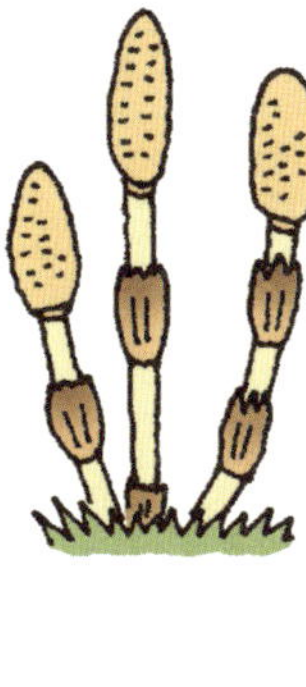

夏のしきたり

夏は、心地よい爽やかな風とともに到来し、生き物たちが躍動する光あふれる季節です。暦のうえでは立夏《りっか》（新暦五月五日頃）から立秋《りっしゅう》（新暦八月七日頃）まで。本書では暦に従って五月、六月、七月を夏とします。

立夏は夏の始まりを告げる節気。春分と夏至《げし》の中間にあたり、古くから田畑での農作業がはじまる季節とされていました。

五月五日の行事と習わし

立夏を迎える頃にやってくるのが五月五日の「端午《たんご》の節句」です。いまでは「こどもの日」となっているこの日はまた、「菖蒲《しょうぶ》の節句」とも、日付に五が重なることから「重五《ちょうご》」とも呼ばれます。この頃は高温多湿で伝染病や害虫に悩まされる時期にあたることから、薬草とされる菖蒲を軒先に飾ったり、菖蒲湯に浸かったり、菖蒲酒を飲むなどして、邪気や疫病を祓う風習が古くから伝わっています。江戸時代には、菖蒲の音が「尚武」（武道を重んじること）に通じることから、武家に生まれた男子の成長を祝う日として定着し、庶民に広まりました。

端午の節句に入る菖蒲湯とは、邪気を祓い心身を清めるために、菖蒲の根茎を入れて沸かしたお風呂のこと。菖蒲湯に入ると暑い夏を元気に過ごすことができるとの言い伝えがあります。

端午の節句といえば、兜飾りと鯉のぼりです。五月晴れの青空に映える鯉のぼりは、戦国時代の幟《のぼり》が起源とされます。鯉は流れに逆らって上流へ向かうことから出世魚とされ、古くから子どもの健やかな成長と立身出世への願いが込められていました。

農作業にまつわる暦と習わし

二十四節気のひとつである「芒種《ぼうしゅ》」（新暦六月六日頃）は、稲や麦など芒《のぎ》のある穀物の種を蒔く頃にあたります。芒とはイネ科植物の実の外殻に見られる棘のような突起のこと。この頃は古くから、麦の刈り取りや田植えなど、農作業が忙しくなる時期です。

現在の田植えの時期は、最も早いのが沖縄で三月上旬頃、最も遅いのは九州、四国地方で六月中旬頃です。天皇陛下が皇居内の水田で行う恒例行事「お田植え」は、五月中旬頃に行われます。いまや機械化が進み、菅笠に緋色の袴やたすきの早乙女《さおとめ》の姿は見る影もありませんが、各地に残る棚田では、いまも手植えによる田植えが行われています。

古くから伝わる田植えの時期を知る合図に「雪形《ゆきがた》」と呼ばれるものがあります。これは、山や野に消え残る雪の形のこと。それ

によって農作業の時期を測ったり豊凶を占ったりする「雪占《ゆきうら》」という風習がありました。それぞれの山に名付けられた雪形があり、たとえば富士山では、例年四月中旬から五月上旬頃、山梨県富士吉田市側から見ると八合目付近に雪形が現われますが、これは「農鳥《のうとり》」と呼ばれています。かつては農鳥の出現を合図に田植えを始めたそうです。

夏を迎える行事としきたり

六月一日は、春の衣服を夏のものに替える「衣替え（更衣）」の日。これは平安時代から行われていた年中行事で、宮中では旧暦四月と一〇月にお祓いの意味も込めて行っていました。当時は夏装束・冬装束が定められ、女房《にょうぼう》（貴婦人）が持つ扇も、夏は蝙蝠《かわほり》（紙と竹製の扇）、冬は檜扇《ひおうぎ》（檜製の扇）と、季節によって替えていました。また、鎌倉時代には衣服の他にも御簾《みす》や畳といった部屋の調度品なども取り替えられていたようです。江戸時代には、幕府によって年四回の衣替えが制度化され、明治以降、新暦が採用されてからは、公務員の制服の衣替えが六月一日と一〇月一日と定められ、一般に定着しました。

新暦の六月二一日頃、一年で昼の時間が最も長くなる「夏至《げし》」がやってきます。これは二十四節気の一つで、中国では古くから邪気や疫病を祓うため、この日に粽《ちまき》や麺類を食べる風習があるそうです。日本では、太陽の恵みに感謝し、夏の到来を祝って夏至祭を行う地域もあります。

夏至から一一日目にあたる新暦七月二日頃からの五日間が「半夏生《はんげしょう》」です。これは七十二候の一つで、半夏が生える頃を意味します。半夏とはサトイモ科の烏柄杓《からすびしゃく》という薬草のこと。田植えは半夏生までに済ませることが習わしとされてきました。各地には田の神に感謝し豊作を祈る行事や、この期間には農作業を控える物忌みの風習が残っています。

関西地方では、夏至から半夏生の間に、タコを食べる風習があります。タコを食べるのは、稲の根がタコの足のようにしっかり根付いて豊作となるようにとの願いから。「土用のタコは親にも食わすな」といわれるほど、この時期のタコは美味しく、タウリンが豊富で、タンパク質、ミネラルを多く含み、夏バテを防ぐ食べ物とされています。

一年の前半の最終日にあたる六月の晦日《みそか》には、「夏越《なごし》の祓《はらえ》」という神事が行われます。これは、大晦日に行われる「年越《としこ》しの祓《はらえ》」とともに、罪や穢れを祓う「大祓《おおはらえ》」と呼ばれる風習です。各地の神社では、半年の厄祓いをし、夏を無病で過ごせるように祈願する行事が行われ、境内に茅草《かやくさ》を束ねた輪（茅《ち》の輪《わ》）を作り、それをくぐって身を浄める風習が残っています。

七月七日の行事と習わし

七夕《たなばた》で知られる七月七日は「七夕《しちせき》の節句」です。これは彦星《ひこぼし》（牽牛星＝わし座のアルタイル）と織姫《おりひめ》（織女星＝こと座のベガ）が年に一度、こ

の日に天の川を渡って会うという古代中国の故事にちなんだ節句です。「たなばた」と呼ぶのは、織女の和名が棚機津女《たなばたつめ》であることから。この日に夏の無病を祈り、厄除けをする行事が各地で行われます。

七夕には笹竹に願い事を書いた短冊を飾ります。短冊は赤・青・黄・白・黒（紫）の五色とされ、陰陽五行に由来するといわれます。機織りの名手だった織姫にあやかって、技芸の上達を願っていた風習が、いつしかさまざまな願い事を託すようになりました。

七夕の翌日には、災厄や穢れを祓うため、七夕飾りを川や海に流す風習（「七夕送り」「七夕流し」）も見られます。七夕の行事を月遅れの八月七日に行う地域もあります。

暑い夏をすこやかに過ごす風習

七夕と同じ頃にあたる節気が「小暑《しょうしょ》」です。新暦では七月七日頃で、小暑から立秋《りっしゅう》（新暦八月七日頃）までのおよそひと月が「暑中」にあたり、「暑中見舞い」はこの期間に出すのがしきたりです。

夏のごあいさつの習慣といえば御中元《おちゅうげん》（本書八六頁参照）。七月初旬から一五日までに贈るのが一般的ですが、月遅れの八月初旬から一五日までとする地域もあります。

鰻を食べる習わしでなじみ深い「夏の土用」は、立秋前の一八日間のこと。新暦では七月二〇日頃から八月七日頃にあたります。この時期は季節の変わり目で体調を崩しやすいため、古くから「う」のつく食べ物を食べると無病で過ごせるという言い伝えがあります。

夏の土用の「丑《うし》の日」に鰻が食べられるようになったのは、江戸時代に平賀源内がなじみの鰻屋をはやらせようと、宣伝用に看板を出したのが始まりとされます。

鰻は奈良時代から滋養食品として知られ、胃腸の病気や風邪の予防、夜盲症、動脈硬化、疲労回復、老化防止などに効果があります。

鰻は蒲焼で食べるのが一般的ですが、関東では、武士の切腹に通じることから、背開きにした鰻を白焼きにして、せいろで蒸しあげてからタレをつけて焼き上げます。一方、関西では腹開きで、白焼きにしたものにタレをつけて焼き上げます。この日に鰻を食べる習わしは、いまも多くの人びとに親しまれ、日本の夏の風物詩となっています。

七月から八月にかけては各地で夏祭りが行われます。とりわけ東北三大祭りの青森ねぶた祭、仙台七夕まつり、秋田竿燈まつりをはじめ、大阪の天神祭、京都の祇園祭、徳島の阿波踊り、高知のよさこい祭りなどは盛大に行われる伝統的なお祭りです。こうした夏祭りは、お盆にちなんだ先祖への供養や、暑さによる疫病や災厄などを祓うために行われる行事ですが、祭りに参加する人も祭りを見る人も、ひととき暑さを忘れる夏の楽しみといえるでしょう。

秋のしきたり

秋は、彩り美しい自然を愛で、旬の食べ物を味わい、その恵みに感謝する季節です。暦のうえでは立秋《りっしゅう》（新暦八月七日頃）から立冬《りっとう》（新暦一一月七日頃）まで。実際には暑さが厳しい真夏の時期ですが、本書では暦に従って八月、九月、一〇月を秋とします。

立秋は秋が始まる節気。「残暑見舞い」はこの日から、暑さが峠を越える頃の節気「処暑《しょしょ》」（新暦八月二三日頃）までに出すのがしきたりです。

先祖を供養するお盆の習わし

八月最大の伝統行事は、家族が一堂に会して先祖の霊をお迎えする「盂蘭盆会《うらぼんえ》」です。一般に「お盆」といわれますが、これは魂祭《みたままつり》という日本古来の民間習俗が、江戸時代に仏教行事の盂蘭盆会と結びついた習わし。もともと旧暦七月一五日前後に行われていた行事ですが、いまでは月遅れの新暦八月一三日から一六日の「旧盆」に行われるところがほとんどです。毎年この時期に、帰省ラッシュがニュースで報じられます。

お盆の行事は、地域によって時期も迎え方・送り方もさまざまですが、一般的には、八月一二日の夜の「花市」でお盆に供える草花を買い求め、一三日には墓参を済ませた夕方に「迎え火」を焚いて祖先の霊を家に招きます。そして一五日の夜または一六日の朝に「送り火」を焚いて霊を送ります。

お盆には「盆棚《ぼんだな》」「精霊棚《しょうりょうだな》」といわれる祭壇を設え、キュウリで馬を、ナスで牛をかたどった「精霊馬」などを供えます。精霊馬には、先祖の霊をより早く迎え、ゆっくり戻ってほしいとの想いが込められています。

お盆にちなむ夏の風物詩

この時期は、先祖の霊を送る「魂送《たまおく》り」として灯籠流しや精霊流しが各地で行われます。

毎年八月一六日の夜に京都で行われる「大文字《だいもんじ》五山《ござん》送《おく》り火《び》」は、精霊送りの行事。東山浄土寺の如意ヶ嶽に「大」、松ヶ崎西山と東山に「妙法」、西賀茂船山に「船形」、金閣寺大北山に「左大文字」、嵯峨鳥居本曼荼羅山に「鳥居形」の送り火が、夜八時から順次灯されます。なかでも如意ヶ嶽の大文字は最も歴史が古く、その起源には、空海が疫病を祓うために焚いたとか、足利義政が息子の義尚の冥福を祈るために焚いた、などといった伝説があります。「妙法」は日蓮宗の題目「南無妙法蓮華経」、「鳥居形」は愛宕山への鳥居参道、「船形」は霊を送る精霊船に由来するとされ、八坂神社の祇園祭とともに、京都の夏の風物詩として知られています。

また、沖縄の伝統的なお盆の行事に「エイサーまつり」があり

ます。「エイサー」とは、お盆に先祖の霊を送る「御送り（ウークイ）」として行われる踊りのこと。これは、念仏踊りが起源とされ、その名は琉球時代の歌謡集「おもろさうし」、あるいは「エイサー、エイサー、ヒヤルガエイサー」という踊りの囃子に由来するといわれます。

この行事では、地域の集落ごとに組織される青年会が中心となり、唄と三線、太鼓の囃子に合わせて踊りながら集落を練り歩きます。県外に暮らす沖縄出身の若者たちも、この時期にはエイサーまつりのために帰省します。旧盆明けの最初の土日には、沖縄市で県下最大の「沖縄全島エイサーまつり」が行われますが、そこで繰り広げられる勇壮な踊りは、沖縄の夏を彩る風物詩となっています。

九月九日の行事と習わし

九月九日の「重陽《ちょうよう》の節句」は、「菊の節句」とも、日付に九が重なるため「重九《ちょうく》」とも、あるいは「お九日《くにち》」とも呼ばれ、陽数（奇数）が重なるめでたい日とされています。

古来中国では、この日に小高い山に登り、長生きの効能があるとされる菊の花を浸した菊酒を飲んで不老長寿を願う風習がありました。これが奈良時代に伝わり、平安時代には、菊の花を愛でながら詩歌を詠んだり菊酒を酌み交わす宮中の年中行事として定着。江戸時代以降、秋の収穫祭と結びつき「お九日」として庶民にも広まりました。九州北部の秋祭りとして知られる「長崎くんち」「唐津くんち」などは、この「お九日」に由来するといわれています。

重陽の節句には「菊の被綿《きせわた》」という習わしがあります。平安時代の宮中の女官たちは、九月八日の晩に菊の花に真綿を被せ、翌朝に菊の香りと夜露が染み込んだ綿で顔を撫で、無病息災と不老長寿を願っていました。菊の花に被せる真綿の色は、女官の位によって、また菊の花の色によって変えていたとも伝えられていますが、その様子は、『枕草子』や『紫式部日記』などにも描かれています。

菊の花は、古くから不老長寿の花、邪気を祓う花とされてきました。その菊の花を九月九日に摘み、乾燥させて枕に詰める「菊枕《きくまくら》」という風習もあります。菊枕で寝ると好きな人の夢を見ることができるという言い伝えがあり、女性から男性に贈る菊枕には特別な意味もあったとか。不眠や頭痛、老人性のかすみ目に効果があるともいわれています。

菊の見頃となるこの時期には、綿を被せた菊を奉納し、無病息災を祈願するなど、菊にまつわる行事が各地で行われます。東京の浅草寺では、毎年一〇月一八日に菊供養が行われ、菊を供えると代わりに加持供養を受けた菊を持って帰ることができます。

実りの秋の行事としきたり

立春から数えて二一〇日目にあたるのが「二百十日《にひゃくとおか》」（新暦九月一日頃）、二二〇日目にあたるのが「二百二十日《にひゃくはつか》」（新暦九月一一日頃）という雑節です。古くからこの時期には台風に襲われることが多く、農家では厄日とされてきました。この頃には、台風の被害から農作物を守り、豊作を祈る「風祭り《かざまつり》」という行事が各地で行われます。

秋の訪れを告げる節気の「秋分《しゅうぶん》」（新暦九月二三日頃）は、春分と同じく昼夜の時間が等しくなる日。この日を中日として前後各三日間を合わせた七日間が「秋の彼岸」となります。秋の彼岸には、先祖の墓参りをし、邪気を祓うとされる小豆《あずき》を使った「おはぎ」を供えて食べる習わしがあります。

いまに伝わるお月見の風習

秋ならではの風習といえば「お月見」でしょう。これは、旧暦八月一五日の晩にお供え物をして、「仲秋《ちゅうしゅう》の名月」とか「十五夜《じゅうごや》」と呼ばれるその日の月を鑑賞する行事です。新暦では九月中旬から下旬にあたりますが、お月見は中国から伝来した風習で、平安時代に貴族が催していた「観月《みづき》の宴」に由来するとされます。それがしだいに、農作物の収穫にまつわる行事と結びついて広まりました。お月見に「月見団子」を供えるのは、中国で月餅を供えていた習慣にちなむものといわれます。

十五夜には、里芋や梨など、この時期に収穫された作物を供えます。さらに一五個の団子を三宝に載せて、下段八個、中段四個、上段二個、最上段に一個と、四段に盛ります。このほか、ススキなどの「秋の七草」も飾るのが習わしです。関西から中国地方にかけては、里芋を供えることから「芋名月」ともいわれています。

日本には「十三夜《じゅうさんや》」といって、旧暦九月一三日（新暦一〇月中旬から下旬）にも月を愛でる風習があります。十三夜には、栗や枝豆などを供え、一三個の団子を、下段に八個、中段に四個、上段に一個と、三段に飾ります。十三夜は、栗や豆を供えることから「栗名月」「豆名月」とも、十三夜の夜の天気で翌年の小麦の収穫を占う習慣から「小麦の名月」などとも呼ばれます。

十三夜は主に庶民の間で広まった日本独自の風習で、十五夜のお月見をしたら必ず十三夜のお月見もすることとされ、一方だけのお月見は「片月見」として忌まれました。

お月見や収穫祭などで供えられるススキは、葉の切れ味が鋭いため、魔除けや呪術的な力があるとされていました。尾花《おばな》、萱《かや》とも呼ばれ、葛《くず》、撫子《なでしこ》、女郎花《おみなえし》、藤袴《ふじばかま》、桔梗《ききょう》、萩《はぎ》とともに、秋の七草の一つとして知られています。

冬のしきたり

冬は、暖かいものが恋しくなる季節。一年の豊かな恵みに感謝し、新しい年を迎えるための習わしが数多く伝えられています。暦のうえでは立冬《りっとう》（新暦一一月七日頃）から立春《りっしゅん》（新暦二月四日頃）まで。実際には、旬の食べ物が美味しい実りの季節ですが、本書では暦に従って一一月、一二月、一月を冬とします。

立冬は冬のはじまりを意味する節気。一一月は各地で収穫を祝うさまざまな行事が行われ、一二月は新年を迎える準備にちなむ風習が各地で営まれます。

収穫祭にまつわる行事と習わし

主に西日本で見られる収穫祭に「亥の子《いこ》」があります。旧暦一〇月（亥の月）の亥の日、新暦では一一月の亥の日に行われるこの風習は、平安時代に中国から伝わったものとされ、稲刈りの時期と重なることから収穫祭として広まり、収穫に感謝し無病息災と子孫繁栄を祈る行事となっています。この日の亥の刻（二一時から二三時）に、七種の穀類を混ぜ込んで作った「亥の子餅」を食べると病気にならないとの言い伝えがあるそうです。

また、亥（いのしし）は古くから、陰陽五行で「水」の性質を持つとされることから火を防ぐ動物と信じられ、江戸時代にはこの日に囲炉裏や掘り炬燵を開く風習がありました。この習わしを「炉開き」といいますが、茶の湯では亥の子に、夏のあいだ用いられていた卓上式の風炉《ふろ》を閉じ、畳を切って床下に備えた炉を開きます。対して、旧暦三月晦日に炉を塞いで風炉を設えることを「炉塞ぎ」といいます。

いまでもこの日に、炬燵やストーブなど暖房器具を出す習わしがあります。関東や信州の一部の地域では、暖房器具を戌《いぬ》の日に出し、戌の日にしまう習慣が見られますが、これも戌の日なら火事にならないとの言い伝えがあるためです。

旧暦一〇月一〇日の夜、新暦では一一月一〇日の夜、稲刈りが終わって山に帰る田の神を送る行事が「十日夜《とおかんや》」です。「亥の子」と同じ一種の収穫祭で、主に東日本の農村部に見られます。十日夜には田の神の化身とされる案山子《かかし》を祀り、新米でついた餅や柿、栗、穀類など秋の収穫物を供え、収穫に感謝し無病息災を祈ります。

かつては国家行事だった新嘗祭

収穫祭のなかでも、毎年一一月二三日に行われる「新嘗祭《にいなめさい》」は由緒正しい行事です。「新嘗」とはその年に収穫された穀物のこと。その収穫に感謝し、翌年の豊作を祈る皇室の祭儀となっています。天皇がみずから新穀を天神地祇《てんじんちぎ》に捧げ、これを食する儀礼は、飛鳥時代に始められたとのこと。新嘗祭は、かつては国家行事でし

たが、戦後は「勤労感謝の日」として国民の祝日となり、いまでは宮中のほか、天照大神を祀る三重県の伊勢神宮をはじめ、各地の神社で行われています。

私たちにとってより身近で親しまれているこの時期のお祭りといえば、「酉《とり》の市《いち》」でしょう。これは、毎年一一月の酉の日に、主に関東地方の鷲《おおとり》神社で行われる、開運招福や商売繁盛を祈願するお祭りです。秋の収穫を感謝する祭りに由来するとされますが、酉の市で売られる名物の熊手は、鷲が獲物を摑む爪を模したものともいわれ、「福をかきこむ」という意味にちなんだ縁起物として知られています。

酉の日は、毎日に十干十二支《じっかんじゅうにし》を当てはめる日付法によると、月に二度、多い年には三度めぐってきますが、最初の酉の日を「初酉」、次を「二の酉」、三度目を「三の酉」とし、一一月に酉の日が三度ある年は火事が多いという言い伝えがあります。

子どもの健やかな成長を祈る七五三

毎年一一月一五日に行われる「七五三」は、文字通り三歳、五歳、七歳の子どもの成長を祝う行事です（本書九七頁参照）。これらの年齢は子どもの厄年といわれ、三歳と五歳の男の子、三歳と七歳の女の子が、この日に氏神様やお寺に参拝してお祝いと厄落としをする習わしがあります。七五三は、収穫祭と、子どもの成長と加護を祈った関東地方に伝わる風習が結びついて広まったとされています。

七五三に欠かせない千歳飴《ちとせあめ》は、江戸時代に浅草の飴売りの七兵衛が売り出したのがはじまり。節分の豆の数と同じように、年の数の千歳飴を袋に入れて子どもに持たせると縁起がよいといわれています。

寒さを乗り切るための風習

一年で夜の時間が最も長くなる「冬至《とうじ》」は、新暦一二月二二日頃の節気です。この日を境に昼の時間が長くなり春に向かうことから「一陽来復《いちようらいふく》」ともいわれます。いにしえの人はその様子を米の粒一つずつ、畳の目一つずつ日が長くなると表現しましたが、暖かい春を待ち望む人びとの気持ちが感じ取れるようです。

古来中国では、この日に小豆粥を食べ、疫病を祓い無病息災を祈る行事が行われていたそうですが、日本では冬至にカボチャを食べ、柚子湯《ゆずゆ》に浸かると風邪をひかないという言い伝えがあり、いまでも各地でその風習が見られます。

正月を迎えるための習わし

一二月になると、新しい年を迎える準備をします。それはいまもむかしも変わりません。そこでまず行われる行事が「煤払い《すすはら》」です。一年の汚れを取り除き、その年の豊作を叶えてくれるという歳神様をお迎えするための煤払いは、古くから大切な行事でし

た。かつては家の中の囲炉裏や竈《かまど》などで火を焚いていたため、神棚や竈など神様が宿るとされる場所にたまった煤を払い、きれいに掃除をする習慣があったのです。

煤を払うには、竹竿の先に藁や笹などをくくりつけた「煤梵天《すすぼんてん》」と呼ばれる道具を使っていました。この道具には神聖な力が宿るものとされ、煤払いが済むと家の戸口に立てかけ、正月のどんど焼きの日に正月飾りとともに焚かれるのが習わしでした。

煤払いは、江戸時代までは旧暦一二月一三日に行われ、この日は「正月事始め」と呼ばれていました。文字通り、正月を迎える準備を始める日で、この日に門松に使う木々などを山に採りに行く風習がありました。これは「松迎え」と呼ばれ、一家の主人、あるいは新年の年男の役割として、神霊が宿るとされる松を恵方（縁起のよい方角）の山に採りに行くという習わしです。正月の準備は一二月二八日までに済ませることとされています。

一年の締めくくりの時期に、日頃お世話になっている人に感謝して贈り物をする「御歳暮」の習慣は、かつては正月事始めの旧暦一二月一三日から二〇日までに贈るものとされていましたが、いまでは一二月初旬から遅くとも二〇日頃までに贈るのがしきたりとなっています（本書八六頁参照）。

歳神様のお迎えする作法

いまの日本では、一二月二五日のクリスマスが過ぎると、正月を迎える雰囲気に包まれます。その劇的な変わりぶりは日本人でも驚くほどです。この頃には至るところで新しい年を迎えるための正月飾りを見かけるようになりますが、正月飾りには、神聖な領域を囲うための「注連縄《しめなわ》」、三種の神器「八咫鏡《やたのかがみ》」の形に見立てた「鏡餅《かがみもち》」、歳神様の依代《よりしろ》とされる「門松《かどまつ》」などがあります。正月飾りは歳神様をお迎えするためのものなので、遅くとも一二月二八日までに飾るのがしきたりです。

もし準備が間に合わなかった場合は三〇日に行います。これは、二九日に飾るのは「苦立て」「苦の日」「二重苦」といって避けられ、三一日に飾るのは「一夜飾り」「一夜松」といって、葬儀前夜の準備を連想させるために忌まれたからです。これはまた、せわしなく歳神様を迎えては失礼であるという戒めでもありました。

歳神様にお供えする餅をつく日取りも同様に、二九日と三一日は避けられますが、最近では二九日を「ふく＝福」と見なして縁起がよいとするところもあるようです。

大晦日《おおみそか》は「年越し」「除夜」などとも呼ばれ、古くから歳神様を寝ずにお迎えする日とされていました。そのため、早く寝ると髪が白くなる、しわが増えるなどの言い伝えがあります。大晦日の夜、神社では火を焚いて一年の罪や穢れを祓い清める「年越しの祓《はらえ》」といわれる神事が行われます。寺院では年をまたいで除夜の鐘が撞かれます。

こうして心静かに新しい年を迎え、一年の健康と幸せを祈ります。

essay

日本語としきたり

荒川洋平

留学生たちを教えていると、時折り、逆に教えられることがあり、はっとさせられる。暗い、暮れる、黒、と口にしてみよう。三つの語は音が似通っているだけでなく、意味もまた、似ているところがある。これを教えてくれたのは、金沢大学で学ぶアメリカ人、S君だ。ネットの独習で日本語を上級まで終えた彼には特異なところがあり、あの複雑怪奇な渋谷駅の俯瞰図を、何も見ないで完璧に書くことができる。

そんなS君が、六月の雨の午後、研究室を訪ねてきた。

熱いほうじ茶を音を立てずにゆっくりと飲み干すと、大柄なアメリカ人は、私の目を見つめながら、ゆっくりと話し始める。

「初めて金沢へホームステイに行った時に、学んだことがあります。ステイ先のお父さんが、宅急便の人に『お国は?』と聞いたんです。日本人どうしが日本語で話しているんだから、どうしてわざわざ出身国を尋ねるのかと思って、あとで訊いたら、出身県のことだと分かりました。」

日本の行政単位は、江戸期の藩の面影を残す。住む人々の意識では各都道府県は国であり、藩は文字通りのクニだったのだろう。

所変われば品変わる

　そんな私のことばを黙って聴いたS君は、手にしていた湯飲みを静かに置き、話を続ける。

「ただ、日本はそんなに大きくないのに、それぞれの『国』のバリエーションはすごいですね。ホームステイの家で夕食の時、福井へ行ってみたいと話したことがあります。そうしたら家族が皆で、福井なら越前ガニを食べるといいとか、その先の鯖江《さばえ》ならトマトが美味しいとかメガネが安いとか、口々に話し始めました。三、四時間ドライブした程度の土地にそれぞれ違う名物があることは、留学生なら誰でも驚きます。イリノイ州だったら、三、四日ドライブしたって、町はどこも同じです。工場があって、ファーストフードの店があって、あと映画館があって。授業で教えていただいた『所変われば品変わる』は、本当にその通りだと思いました。」

「実際に、越前ガニや鯖江のトマトは、どうだったの？」

「それが、行かなかったんです。」

「そう？　いいチャンスだったのに。」

「金沢の人や町が好きで、離れられなくなってしまったんです。」

　私は驚いて、少し身を乗り出す。S君はまた湯飲みを両手で抱え、話し始める。

「金沢は、故郷のシカゴや東京とはもちろん、ヨーロッパやアジアのどの町とも違っています。不思議なことに、車の音や人の声が途切れて静かになるところが、町中にたくさんあります。大通りにもそういう場所があって、そんな場所を見つけると、しばらくいてしまいます。町だけじゃなくて、古い店や昔の家にも、音が聞こえなくなる場所があります。たぶん場の区切り方に、何か工夫があるんだと思います。

そういえば、時間の区切り方も、金沢はちょっと特別ですね。たとえば、東京の人は頭を下げる時、さっと下げてすぐに上げますが、金沢の人は、ゆっくりお辞儀をして、ゆっくりと上げます。何て言うんでしょうか、時間や空間に、英語で言うはっきりした〝pause〟を作ります。

お祭りのような行事にも、そのポーズがあります。

たいていの日本人は花見をすると思うんですが、あれは桜を見る行事ですよね。でも金沢の人は、桜の花見をしてしばらくするとツツジを見に行くし、カキツバタも見に行きます。鯉のぼりや灯籠を川に流す行事もありますが、その時も同じで、イベントなんだから騒がしいはずなのに、人がたくさんいる庭園や川原が、とても静かなんです。どの人も、じっと花や灯りを見ています。

時間を仕切る作法

先生、前に「暗い」と「黒い」の話をしたと思いますが、「しきる」と「しきたり」にも、きっと関連はありますよね？　東京に住んでいたときも、僕はけっこう、祭や年中行事を見に行きました。授業で習ったとおり、東京の祭はハレの日であって、毎日の大変なことを忘れて、賑やかに過ごすのが、東京のしきたりだと思いました。
でも金沢に行ってから、僕は少し考えを変えました。しきたりというのは、何ていうか、時間を仕切ることで賑やかになるんじゃなくて、忙しい日常を仕切り直して、リセットするためのものなんじゃないかと思ったんです。つまり、東京やシカゴでは、普通の時間の合間に、時々、賑やかな機会を作るんですが、逆にあわただしい時間の中に、静かな機会を作って過ごすのが、金沢のしきたりなんじゃないかと感じたんです。
たぶん、どちらも同じことなのかもしれません。日本には何でも包む文化がありますが、行事や祭という名前である時間を包み、それを「飾る」のが東京のしきたりだとしたら、逆にくるんだその時間を「隠す」のが、金沢のしきたりなんじゃないでしょうか。つまり違いは、何のために包むのか、ということだと思います。先生、金沢にいらしてくださったら、その音が消える場所や、皆が静かに何かを見つめる行事に、ご案内します。

人びとの生活に根づいたしきたりは、歳月と共に幾度もめぐってくる。私たちはそれを自然なものと受け止めるあまり、今日は何々の日だな、祭があるな、と思い返すだけのときがある。しかし日本語そのものの中にも、日本人の暮らしぶりや、自然や季節に対する気持ちは息づいている。そして時に、それを見つけるのは、来日二年に満たない異国の青年だったりする。

（東京外国語大学教授）

第二章

毎日をたのしむしきたり

chapter 2

In daily life

ふだんの生活の中にもさまざまなしきたりが息づいています。
それは先人たちが守り伝えてきた暮らしの知恵であり、
毎日を健やかに愉しくすごすコツでもあるのです。

着物のしきたり

日本らしさを象徴するものといえば、艶やかな着物でしょう。私たちにとっても、着物は憧れの存在です。ふだん、着物を着ることはあまりないとしても、私たちは、七五三に始まって成人式、入学・卒業式、結婚式など人生儀礼や冠婚葬祭の折々に、着物と親しんできました。

日本の伝統的な衣服である着物は、和服とも呼ばれますが、着物を販売しているお店を「呉服屋」とか「呉服店」というように、古代中国の呉の時代の衣服が起源とされます。それ以前の弥生時代の日本では、男性は袈裟衣《けさい》、女性は貫頭衣《かんとうい》を着ていたといわれています。その後、飛鳥・奈良時代の中国文化の影響をへて、しだいに現在の着物の原型となる和服が定着していきました。

日頃から着物を着てみたいと思いつつも、そう気軽に着ることができないのが和服。人間の衣服がみなそうであるように、和服も時と場所（シチュエーション）を選びます。ここではそんな和服にまつわるしきたりについてご紹介しましょう。

礼装は振袖・黒留袖・紋付袴

本書六九頁のとおり、振袖《ふりそで》・黒留袖《くろとめそで》・紋付袴《もんつきはかま》は礼装とされます。

未婚女性の第一礼装は「振袖」。成人式や結婚披露宴、各種パーティーなどにふさわしい着物です。既婚女性の第一礼装は「黒留袖」です。結婚式での新郎新婦の母親や親族、仲人が着用します。男性の第一礼装は「紋付袴」で、成人式や結婚式の新郎、仲人が着用するほか、特別な行事に着る着物です。

また、弔事の正礼装は「黒喪服」とされます。男性の場合、黒羽二重地《くろはぶたえじ》（夏は絽《ろ》）の染め抜き五つ紋の着物と羽織、仙台平の袴、角帯、黒かグレーの長襦袢、黒または白の鼻緒の草履と足袋、羽織紐は黒で扇子は持ちません。参列する立場や故人との関係によっては必ずしも黒紋付である必要はなく、また、袴も必須ではありません。季節に応じた黒の紋羽織を基本に、紺や黒、濃い鼠など控え目な色合いの着物がよいでしょう。

女性の場合、弔事の正礼装に未婚・既婚の区別はありません。遺族は羽二重か一越《ひとこし》ちりめん（夏は絽）の黒無地の染め五つ紋付、黒の名古屋帯で、帯揚げ、帯締め、草履、バッグは黒、長襦袢と半襟、足袋は白にします。

一般会葬者は、地味な色目の一つ紋付か、地味な小紋に黒の一つ紋付の羽織、帯や帯揚げ、帯締め、草履、バッグは黒にし、半襟や長襦袢、足袋は白にします。

お出かけで楽しむ和服

親族以外の結婚式やお茶会、入学式や卒業式などの行事にふさわしい女性の着物は「訪問着」や「付け下げ」でしょう。黒以外の一色染めの「色無地《いろむじ》」や「江戸小紋《えどこもん》」は、紋を一つ入れることで略礼装となります。これらには未婚・既婚の区別はありません。

江戸小紋よりさらに気軽な場面で着ることができるのが「小紋」です。一方向に繰り返し型染めする意匠が施された小紋は、おしゃれな普段着として楽しむことができ、また友人との食事や観劇などのお出かけにふさわしい着物です。

日本の盛夏の装いとして、あるいは温泉旅館の部屋着としておなじみの「浴衣《ゆかた》」は、鎌倉時代以前の貴族が湯浴みをするさいに着用した「湯帷子《ゆかたびら》」に由来するとされます。江戸時代には、入浴後に着る単衣を「ゆかた」と呼ぶようになり、暑中の外出にも着られるようになりました。天保の改革で町人が絹を着ることが禁止されてからは、木綿の浴衣が広がり、藍染めの技術とおしゃれな柄が競われたそうです。

ちなみに、着物はすべて男女とも「右前」に着るのがしきたりです。これは、奈良時代に定められた「衣服令《えぶくりょう》」（七一九年）に由来するものとされますが、まず右側の衿を手前に入れ、次に左側の衿を合わせます。「右前」とは着る当人にとって右の衿が「手前」（肌に近い）になることを意味します。

着物はまた、折々の季節にふさわしい生地や柄が選ばれます。そこにもしきたりがあり、先人の季節を楽しむ暮らしぶりや小粋なおしゃれ感覚が反映されています。

和服の礼装

振袖（未婚女性の第一礼装）

未婚女性の晴れ着の定番として知られていますが、元来、脇があいた子ども向けの小袖に由来します。江戸時代には、元服前の男女が着ていましたが、江戸時代の文人・井原西鶴によると、「男子は17歳の春、女子は19歳の秋に袖を短くし、脇をふさいだ」とのこと。七五三、成人式、結婚式などで着られる華やかな和服で、袖が長いほど格式が高いとされます。帯は結ぶ位置が高いほど若々しく見えます。

黒留袖（既婚女性の第一礼装）

黒地で染め抜きの家紋が五つあり（五つ紋）、柄は下半身の裾にのみ入っている着物です。文字通り、振袖の袖を留めた形で、江戸時代には芸者の着物から庶民に広がったため、「江戸褄（えどづま）」とも呼ばれます。元来、華やかな振袖を仕立て直して用いていましたが、明治以降、フォーマルな黒を基調とした礼装として定着しました。色留袖で一つ紋あるいは三つ紋の場合は準礼装となり、祝賀行事や各種パーティーに着ていくことができます。

紋付袴（男性の第一礼装）

黒羽二重（くろはぶたえ）で五つ紋付きの羽織と袴を組み合わせた和服です。成人式や結婚式の花婿・仲人のほか、特別な行事のさいに用いる男性の着物です。羽織袴は元来、江戸時代の武士の普段着でしたが、明治時代の太政官令で黒地の紋付袴が高官の礼装と定められ、それ以降、男性の第一礼装として一般に普及しました。家紋の位置は、羽織の両胸、背の中央、両袖の後ろの計五つで、これは黒留袖も同様です。色地の場合は準礼装となり、一つ紋や紋なしで気軽に着ることができます。

春を満喫する装い

春は透けない生地に裏地を付けて仕立てた「袷《あわせ》」を着ます。生地は、光沢のある絹織物の綸子《りんず》、手触りの柔らかい緞子《どんす》、生地の表面にしぼ（しわ）のある縮緬《ちりめん》、素材は絹ながら木綿の風合いの紬《つむぎ》などが用いられます。

色は、二月の梅、三月の桃や桜のように、美しく可憐な雰囲気から、夏に近づくにつれて、薄水色や薄緑、薄茶などの薄色に。模様は「春ぼかし」といわれるぼかし染め、五月に入ると水流や波などの柄がふさわしいとされています。

帯は、春の花の柄をあしらった塩瀬帯や、箔錦に春の花を描いた染め帯、単彩、金箔や白金箔の錦などがよく用いられます。

夏を快適に過ごす装い

六月から九月の着物は、裏地をつけず一枚仕立てにした「単衣《ひとえ》」を着ます。六月は桔梗の紫や、アザミの赤、藍、寒色系の濃い色か白っぽい色、九月は少し黄味を帯びた色合いで、柄は露草や百合、秋草などがいいでしょう。帯は紗《しゃ》や絽《ろ》の袋帯が最適です。

盛夏の七月と八月は、絽や紗など透ける素材のものを着ます。盛夏用に仕立てられた麻もこの時期にふさわしいものです。紗、絽、塩沢紬は透けるため、長襦袢などを身につけます。衿元を深めに、皺が出ないように着ると、清涼感や清潔感などが出ます。帯は、麻には麻、絽には絽、紗には紗の袋帯を使います。

秋をおしゃれに楽しむ装い

秋は袷《あわせ》仕立ての着物を着ます。秋が深まるほどに、地紋のある紋意匠《もんいしょう》、綸子、緞子などを着るようになります。色は朱や黄、木の実の色など落ち着きのある色合いがふさわしく、柄も秋の草花などを選びます。帯は袋帯、名古屋帯ともに染め名古屋をします。

袷ならではの楽しみが、袖や裾まわりに付ける裏地の「八掛《はっかけ》」選び。古来、秋に着る着物には深くて濃い色目の八掛が付けられました。見えるか見えないかの部分で、秋を楽しんだ先人たちのおしゃれが感じられます。

何かと行事が多い冬の装い

冬は縮緬《ちりめん》や紬など暖かさの感じられるものを着ます。一二月なら渋めの色合いに、正月には紋付や、新年にふさわしい華やかなものがよいでしょう。生地は光沢のあるもの、色は新春にふさわしいピンクやブルー、クリーム、ベージュを、模様は吉祥模様、御所解文様、有識文様など格調高くおめでたい模様、帯は錦(主に袋帯)、金銀糸や色糸の入った帯。豪華で上品な組み合わせは、新年ならではの着物の楽しみ方です。

あまたの職人たちの技によってつくられ、人びとに親しまれ、受け継がれてきたその伝統に想いを馳せると、着物の奥深さがますます感じられるようです。

和食のしきたり

和食は、二〇一三年にユネスコの世界無形文化遺産に登録され、いまや世界が注目する食文化となりました。その評価のポイントは、「新鮮な食材と調理法」「季節感のある美しい表現」「伝統的な行事とのかかわり」「すぐれた栄養バランス」の四点です。

私たちに身近であるはずの和食ですが、かしこまった席での食事からふだんの食事まで、その姿形も調理法も歴史もさまざまです。その意味では、日本人でもよく知らないこともあるかもしれません。そこで、ここでは伝統的な和食とそれにまつわるしきたりをご紹介しましょう。

伝統的な和食とその由来

和食には大きく分けて四種類の料理があります。

最も伝統的な和食とされる「本膳料理」、お茶会の席で出されていた「懐石料理」、宴会などで出される「会席料理」、僧侶の修行で食していた「精進料理」です。

本膳料理は、室町時代に確立したといわれます。お皿やお膳の数を縁起のよい三、五、七の奇数で組み合わせて、高足の膳で供される最も格式の高い料理で、儀礼的な性格が強かったため、いまではほとんど見られなくなりました。

現在、コースで出される日本料理といえば、本膳料理を簡略化した会席料理といえるでしょう。会席料理とは、もともとお酒を楽しむための料理とされています。

懐石料理は、正式には「茶懐石」といい、茶の湯の席でお茶を美味しくいただくための簡素な料理です。元来、禅僧が食していた料理を茶人・千利休がアレンジし、完成させたものといわれています。

精進料理は、食材に穀類や野菜などを用いた健康志向の料理です。

これら伝統的な和食は、「一汁三菜」を基本としています。一汁一菜とは、汁、なます、煮物、焼き物を指し、これらにご飯と香の物が加わります。これを基本形として、供される行事や格式などによってさまざまにアレンジされるわけです。

いずれも古来、人びとが自然の恵みに感謝しながら、四季折々の食材を用いて、見た目にも美しく趣向を凝らした料理です。和食には日本人の美意識が表れているのです。

神器として使われた箸

和食は、いうまでもなく箸を使っていただく料理です。箸の文化をもつ地域は、中国や韓国などアジア諸国に多く見られますが、それらの地域ではスプーンなどを併用することが多く、箸だけで食事をするのは日本だけといってもよいでしょう。

私たちは毎日箸を使っているわけですが、その起源ははっきりとわかっていません。いまから約三六〇〇年前の中国にはすでにあったのではないかといわれています。日本には弥生時代の末、あるいは飛鳥時代に伝わったとされていますが、それも定かではありません。箸はもともと、神様にお供え物をするときの神器として使われていたともいわれています。たとえば、正月に使う「祝い箸」の両端が細くなっているのは、片方を神様が使い、もう片方を自分が使うため、という説もあり、箸が神器だったことの名残りなのかもしれません。

箸の正しい使い方

見目美しい料理は美しくいただきたいもの。そこで大切なのは箸の使い方です。私たちは子どもの頃にしつけられ、難なく箸を使うことができますが、ここで正しい使い方をおさらいしておきましょう。

まず、次頁の図のように、上側の箸を人差し指と中指、親指の三本で軽く持ち、親指を人差し指の爪の側面にあてるようにします。下側の箸は親指の付け根と薬指の爪の側面で固定します。箸先から三分の二くらいの位置で持つと扱いやすく、美しく見えます。そして、上側の箸を動かし、箸先を揃える形でものをつまむようにします。

箸を手に取るときは両手を使います。右利きの場合、右手で箸を上から取り上げ、左手を箸の下に添えます。右手を箸に沿ってすべらせて下から受けるように持ち直します。

箸の作法

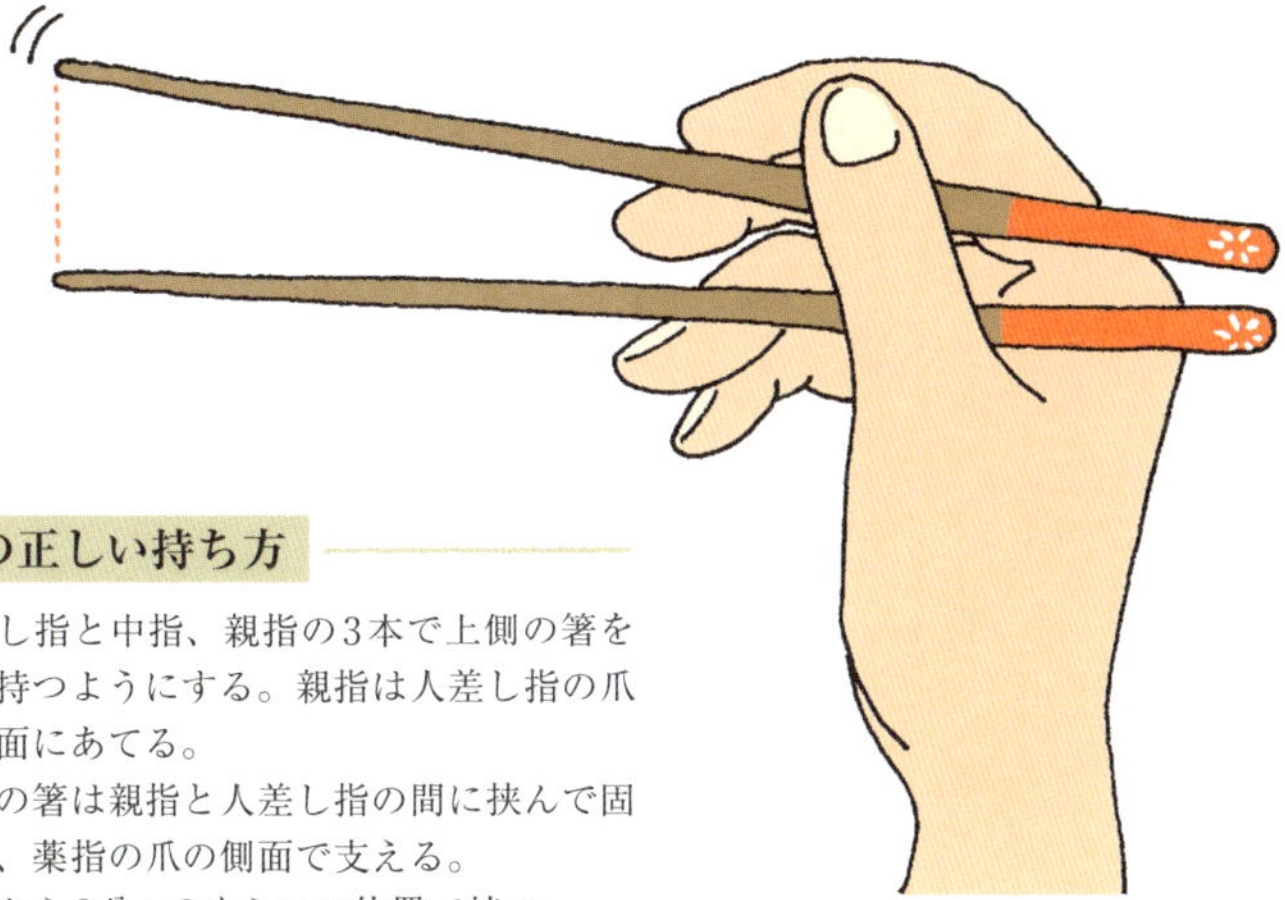

箸の正しい持ち方

・人差し指と中指、親指の３本で上側の箸を軽く持つようにする。親指は人差し指の爪の側面にあてる。
・下側の箸は親指と人差し指の間に挟んで固定し、薬指の爪の側面で支える。
・箸先から3分の2くらいの位置で持つ。
・上側のみ動かして、箸先を揃えてつまむ。

箸づかいのタブー

下記は「きらい箸」と呼ばれるタブーです。作法を身につけて食事を楽しみましょう。

刺し箸：箸を食べ物に突き刺して食べること。（食べ物は必ず箸でつまみましょう。つまみにくいものは箸で切ってから取りましょう）
探り箸：食器の底をかき混ぜて中身を探ること。
迷い箸：何を食べようか迷って食べ物の上で箸を動かすこと。
寄せ箸：箸を使って食器を動かしたり引き寄せたりすること。
持ち箸：箸を握ったまま、同じ手で食器を持つこと。
渡し箸：食器に箸をかけ渡すこと。（箸は箸置きなどに置きましょう）
拾い箸：箸同士で食べ物を受け渡すこと。
立て箸：器に盛ったご飯に箸を突き立てること。「突き立て箸」ともいう。

このほか、食器の縁に口を付けて食べ物を箸で口にかき込む「かき箸」、食器や食卓を箸で叩く「叩き箸」、箸を口にくわえたまま食器を手に持つ「くわえ箸」もタブーです。

また、和食は器を手に持っていただくのがしきたりです。その場合、まず器を持ってから右手で箸を取り上げ、箸先を器を持った左手の指に預け、右手をずらして箸の下から受けるように持ち直します。箸を置くときは、器は持ったまま逆の動作をします。

箸を使うさいには、「きらい箸」と呼ばれるタブーがありますので注意しましょう（本書七五頁参照）。

意外と知らない食事のマナー

食事の席で、何気なくやってしまいがちな間違いがあります。

箸でつまんだものから汁などが落ちないように、空いている手を受け皿のように添える「手皿」、それから、大皿から料理を取るさいに箸先を逆にして使う「逆さ箸」です。一見どちらも上品なしぐさに見えますが、正しくないふるまいなので控えましょう。

食事のマナーにばかり気を取られていると、せっかくの美味しい料理を楽しむことができないかもしれません。しかし、こうしたしきたりやマナーはそもそも、食卓を囲む人たちがお互いに気持ちよく食事をしようとする、人びとの心遣いから生まれたものです。

正しい箸の使い方や食事のマナーを身につけ、それを習慣にすることができれば、これまでの食習慣がより健康的で楽しいものになるでしょう。子どもたちにも、あるいは外国の人たちにも、和食の魅力とともに正しい作法を伝えていきたいものです。

column

ことわざにみるしきたり

古くから言い伝えられてきたことわざや故事は、先人が培ってきた人生の知恵として私たちを戒め、励まし、ときに癒してくれます。

◉情けは人のためならず

よく耳にすることのことわざは、「人に対して情けをかけるのは甘やかすことになるので良くない」と解釈している人も多くみられますが、本来は「人に情けをかけると、巡り巡って自分に帰ってくるので、人に親切にしましょう」という意味です。人間関係におけるひとつの要諦と言えるかもしれません。

◉三尺下がって師の影を踏まず

「先生に対しては礼儀正しく敬意をもって接するべき」という意味ですが、一方で「先生に近づきすぎると、教えを受ける者は身を滅ぼしかねない」という警句でもあります。先生や目上の人との関係の持ち方として肝に銘じたいものです。

◉お見舞いに鉢植えは避けよ

鉢植えは「根付く」ものであることから、病院や病床に「寝付く」という意味に転じてしまうため、忌み嫌われます。香りの強いユリや「死苦」につながるシクラメン、血の色を連想させる真紅のバラなども×。病気や怪我へのお見舞いのマナーです。

◉あまり物に福あり

人が選ばなかったもの、残されたものに良いものがあるという意味で、「残り物に福がある」「余茶に福あり」とも言われます。食べ残したものを片付ける際によく使われますが、ものを大事にする、食べ物を粗末にしない、という日本人の美徳のひとつとも言えるでしょう。

時代や文脈によってさまざまに解釈が異なることわざもありますが、そこにうかがえるしきたりや教訓は、大人のたしなみとして、いつまでも大切に心に留めておきたいものです。

住まいのしきたり

私たちのふだんの衣食住は、ずいぶんと洋風になっています。とくに住居は時代とともに大きな変化を見せ、いわゆる伝統的な日本家屋はたいへん少なくなりました。典型的な日本の住まいは、歴史的な文化財として保存されている地域や和風旅館、あるいは、映画『東京物語』（小津安二郎監督）、『男はつらいよ』（山田洋次監督）、はたまた国民的アニメの『サザエさん』（長谷川町子原作）などでおなじみですが、そこにも四季折々の自然の移ろいをあじわって暮らしてきた先人の知恵が宿っています。

伝統的な日本家屋のつくり

日本の住まいのつくりは、古くから時代や身分、職業などによって大きく異なっていますが、基本的には夏の気候を基準に設計されているといわれています。それは自然（外）との隔たりを限りなく少なくし、季節の小さな変化をふだんの暮らしの中に取り込み、それを楽しもうとする発想に基づいているためといえるかもしれません。

昔ながらの日本の住まいの間取りは、基本的に玄関と台所、そして田の字型に仕切られたいくつかの部屋（間《ま》）から構成されています。典型的には、一家が食事をしたり団らんする居間（茶の間）、床の間のある客間（座敷）、寝室にあたる家族の部屋から成っています。なかでも和室として象徴的なのは、床の間のある座敷でしょう（本書八一頁参照）。

書院造りの影響をとどめる和室

床の間とは、客間の一角に設えられた装飾空間で、もともと寝床であったことからこう呼ばれています。室町時代以降、書院造りの様式によって定着し、床を高くして正面の壁に掛け軸、床面に生け花や置物などを飾ります。飾る物は季節にちなんだもの。そこには季節を愛でる人びとの心遣いが感じられます。

また、床の間側は「上座」と呼ばれ、位の高い人が座る場所とされています。したがって、目上の人や大事なお客様には床の間に近い場所に座っていただくのがよいでしょう。

床の間の隣にあるのが「床脇《とこわき》」です。床脇は、一般に天袋（上部の戸棚）、地袋（下部の戸棚）、違い棚によって構成され、床の間同様、置物などを飾ります。違い棚の上板の端に取り付けられたものは「筆返し《ふでがえし》」、上下の棚板をつなぐ小さな柱は「海老束《えびづか》」、あるいは「雛束《ひなづか》」と呼ばれます。床脇はここがもともと書斎であったことから、違い棚の上段に筆を、下段に硯《すずり》や書物を置いていたようです。

清潔感と清涼感を感じさせる畳は、日本家屋の象徴的な床材です。その大きさは、地域や家屋の様式によって異なりますが、基本的な縦横比は二対一となっています。畳はいまでも部屋の広さを示す単位となっています。

窓や仕切りに使われる障子は、襖の登場後しばらくして、平安時代末期に誕生したといわれています。子どもの頃、障子にいたずらをして穴を開けてみたり、障子を張り替えたりしたことのある人も少なくないのではないでしょうか。かつては障子に開いた穴を花びらの形に切った障子紙で塞いでいるものも見受けられましたが、そんなところにも人びとの細やかな配慮が感じられます。

和室での大切な作法

和室のあるお宅を訪問するときには、守らなければならない作法があります。

まず、和室に通されたさい、敷居を踏んではいけません。これは敷居が内と外の境界を示すものであり、その空間の秩序を乱さないためといわれています。「敷居を踏むと出世できない」との言い伝えが残されている地域もあります。

畳の縁を踏むこともいけません。これは、畳の縁にはその家の格式や家柄を示す文様が施されていたためといわれます。つまり、相手の方にとても失礼になることなのです。

座布団も足で踏んではいけません。座布団はもともと高貴な身分の人だけが使っていたもので、そこには相手の方の気持ちが込められているとされるからです。

こうした作法を守ることは、相手の方の心遣いに感謝し、相手の方を思いやることでもあるのです。

和室のつくり

① **床の間**：一般的な日本家屋の客間の一角に設えられた装飾空間で、掛け軸や生け花、置物などを飾ります。床の間のある部屋は、一般に「座敷」と呼ばれます。

② **床脇**：床の間の隣に設えられた装飾空間で、床の間とは床柱によって仕切られます。一般に、天袋（上部の戸棚）、地袋（下部の戸棚）、違い棚が作られます。

③ **畳**：日本家屋の伝統的な床材で、平安時代から見られます。大きさは、京間、中京間、江戸間、団地間など、地域や家屋の様式によって異なります。

④ **敷居**：門の内外を区切ったり、部屋を仕切ったりするために敷く横木です。溝を彫って戸や障子、襖などを受けます。上部にある横木は「鴨居」です。

⑤ **障子**：窓や仕切りに使われる建具で、外の光を通す紙を張るため、「明障子（あかりしょうじ）」とも呼ばれます。

⑥ **襖**：間仕切りに使われる建具のひとつで、平安時代の寝所の間仕切りに由来します。「唐紙障子」とも呼ばれます。

⑦ **鴨居**：敷居と対をなす横木です。

⑧ **欄間**：天井と鴨居の間に格子や透かし彫りの板を取り付けた部分です。光を採ったり、風通しをよくしたり、装飾のためにつくられます。

⑨ **縁側**：座敷の外側に設けられた板敷きの通路です。暖かい陽光を浴びてのんびりすごすにはもってこいの場所です。

おつきあいのしきたり

数あるしきたりや習わしのなかでも、守るべきマナーとしていまに伝えられているのは、冠婚葬祭にかかわるものでしょう。なぜなら、冠婚葬祭はいまもむかしも人づきあいの基本だからです。そのなかでも贈答のしきたりには、先人の心遣いが反映されています。

気持ちを表す熨斗と水引

慶事の贈り物の包み紙に欠かせないのが熨斗《のし》です。その由来は、あわびの身を薄くのばして干した「のしあわび」とされ、古来、神様への供物として用いられていました。そこからお祝い事に使われる縁起のよいしるしとして普及するようになりました。

私たちになじみのあるのし袋やのし紙が使われるようになったのは、大正時代からといわれ、主に、折り目が片方のみの「片折りのし」、左右対称に折り目のある「両折りのし」、草花などを用いた「飾りのし」の三種類があります。「片折りのし」は結婚祝いに、「両折りのし」は慶事全般に使います。

ちなみに、熨斗は慶事のみに使い、弔事には使いません。また、生ものを贈るときにも熨斗は付けないという習わしがあります。

水引《みずひき》は、次頁に示すとおり、慶事や弔事の贈答品の包装紙を結ぶ紙ひものこと。慶事で

水引の種類

水引とは、お祝い事や弔事の贈答品（お金や品物）を包む紙に結ぶ紙ひもです。その始まりは飛鳥時代とも室町時代ともいわれますが、中国から伝わった習わしで、江戸時代には広く普及し、慶事と弔事で使い分けるようになりました。水引の本数は、慶事の場合は5本を基本とし、3本、7本、10本（5本を2束）の奇数を、弔事の場合は2本、4本、6本の偶数を、状況に応じて使います。ちなみに、「のし」は慶事の贈答のさいに付けるもので、弔事には決して使いません。

あわび結び

結び切りの変形とされ、明治以降に考案された結び方といわれています。豪華な結び方が特徴で、水引の色を使い分けることで慶事・弔事ともに、「二度とあってはならないこと」に使います。

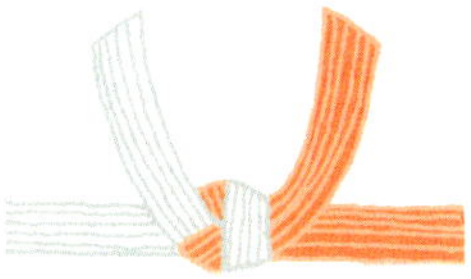

結び切り

ほどけない結び方で、「本結び」とも「真結び」とも呼ばれます。「二度と繰り返さない」という意味があり、水引の色を使い分けることで、結婚祝い、お見舞い、弔事などに使います。

蝶結び（花結び）

何度でも結び直すことができる結び方で、「何度あってもよい」という意味があります。そのため、結婚を除く慶事（出産祝い、入学祝い、賞品など）に使われます。結婚祝いや弔事には決して使いません。

は金銀、赤白などを奇数で、弔事の場合は黒白や双銀などを偶数で使います。水引の結び方には主に三種類あり、結婚や弔事など、二度とあってほしくないことには「結び切り」、出産や入学、進学など何度も繰り返してよい慶事には「蝶結び」、慶弔問わず二度とあってはならないことには「あわび結び」を使います。

贈答品を包むときの作法

古来、日本には贈り物を包む習慣がありますが、そこにも伝承されている作法がありま す。たとえば、冠婚葬祭で使われるお金を包む袋。慶事全般で使われる祝儀袋は、まず袋の裏の上側をたたみ、次に下側を上方へたたみます。これには「幸せがたくさん入りますように」との意味が込められています。

一方、弔事で使われる不祝儀袋は、「悲しみでうつむく」という意味合いから、下側を先にたたんでから上側をかぶせます。また、表書きは、慶事には濃い墨で、弔事には悲しみを表す薄い墨で書くものとされています。

祝儀袋や不祝儀袋は、袱紗《ふくさ》と呼ばれる方形の布に包んで持ち運びます（袱紗の使い方は次頁参照）。祝儀袋を包む場合は赤系の明るい色の袱紗を、不祝儀袋を包む場合は灰色や紺、濃い緑色の袱紗を使います。紫色の袱紗は、慶弔どちらの場面でも使えるものとされていますので常備しておくとよいでしょう。

袱紗の使い方

右包み（慶事）

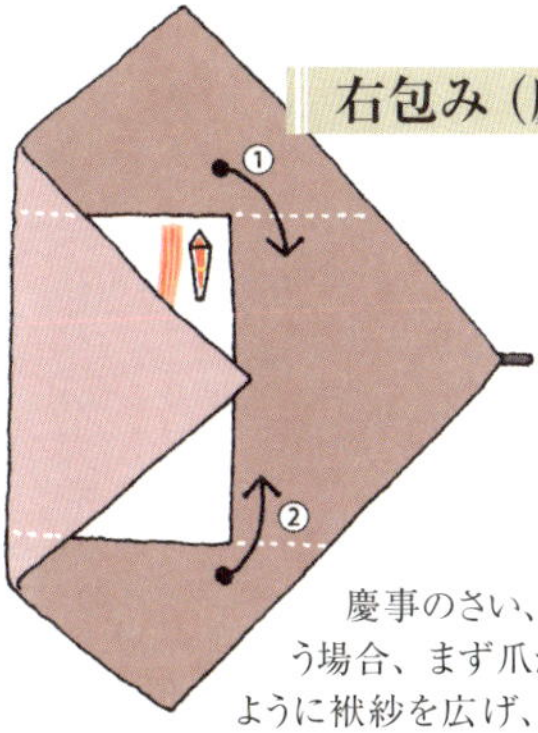

慶事のさい、袱紗を使う場合、まず爪が右になるように袱紗を広げ、その上に祝儀袋を中央左寄りに置きます。次に左を内側にたたみ、数字の順に上と下をたたみます。

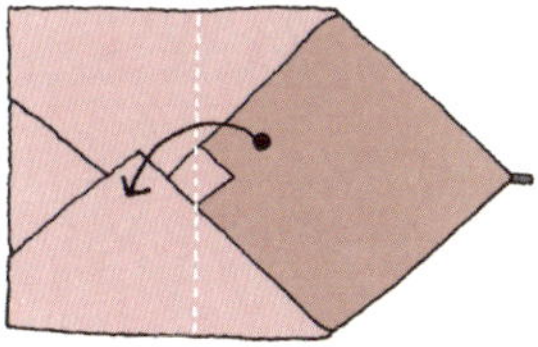

爪のある右を内側にたたみます。

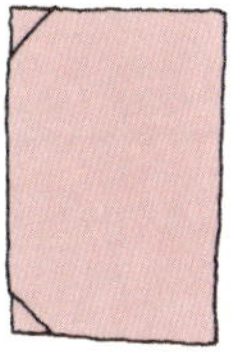

慶事に使う右包みの完成です。

左包み（弔事）

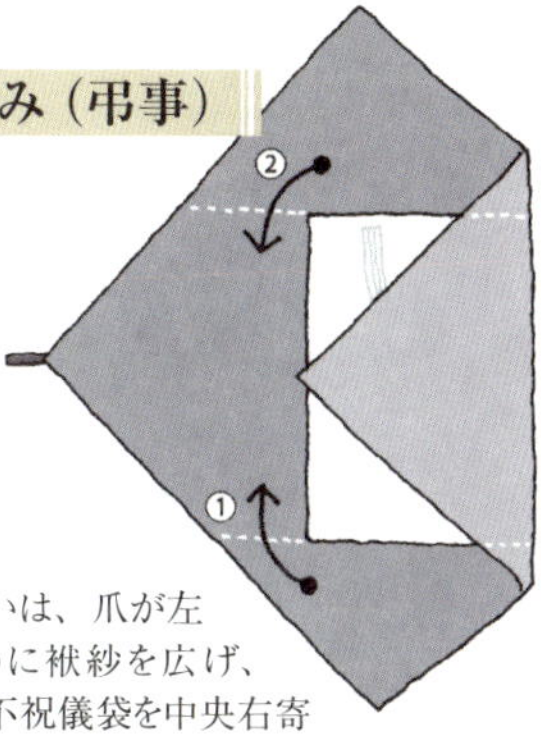

弔事のさいは、爪が左になるように袱紗を広げ、その上に不祝儀袋を中央右寄りに置きます。次に右を内側にたたみ、数字の順に下と上をたたみます。

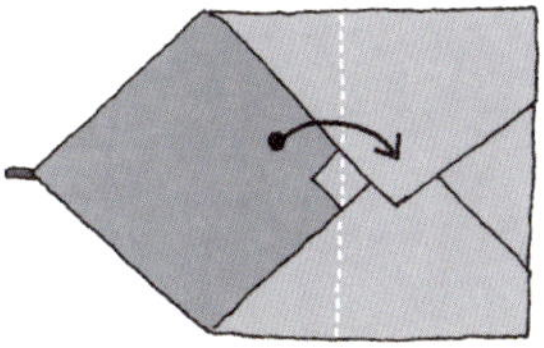

爪のある左を内側にたたみます。

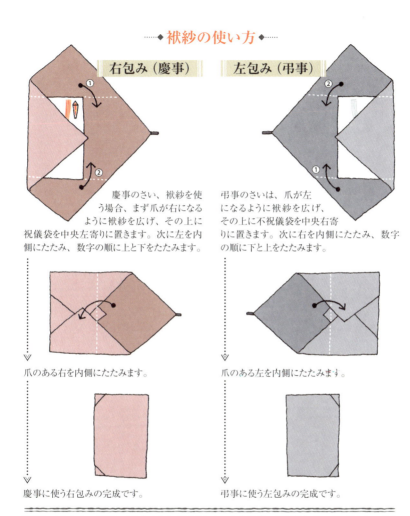

弔事に使う左包みの完成です。

慶事には右包み、弔事には左包みとするしきたりは、奈良時代の「衣服令（えぶくりょう）」（719年）で庶民の着物は右前、と定められたことに由来するといわれます。右前の「前」とは手前を意味し、自分の肌に近い方を表します。ちなみに、贈答品に使うのし紙の折り合わせも、慶事の場合は右が上側、弔事の場合は左が上側になるようにします。

ちなみに、贈答品を包むさいには、古くから風呂敷がよく使われます。その名は、室町時代、ある大名が将軍・足利義満に湯屋に招かれたとき、湯上がりに衣類を包んでいた布を床に敷いて着替えたことに由来するとか。風呂敷は古来、冠婚葬祭などの儀礼で、あるいはふだんの生活で、物を包んだり運んだりするために用いられてきましたが、用いる場面や包む物によってさまざまな包み方が考案され、いまに伝えられています。

御中元・御歳暮の習わし

季節の贈答の慣習に、御中元と御歳暮があります。これは先祖へのお供えに由来するとされています。日本では古来、お盆や年の暮れになると、先祖を供養する習わしがありました。時代が下るにつれ、先祖への供物を親戚などにも分けるようになり、やがて江戸時代に入ると、商売などでお世話になった人にも贈り物をする慣習が定着していきます。

御中元の名は、古代中国で生まれた道教の三元節に由来します。三元節とは、上元《じょうげん》＝旧暦一月一五日、中元《ちゅうげん》＝七月一五日、下元《かげん》＝一〇月一五日のことで、これらの日に神様に供物を捧げる行事が行われていました。なかでも中元は、日本のお盆の時期とも重なり、それが御中元の習慣となっていったわけです。

御歳暮は、年の暮れに歳神様や先祖の霊に供物を捧げる魂祭《みたままつ》りに由来する習慣です。いずれも感謝の気持ちを伝える習わしとして、先方が忌中でも贈ることができます。

column

湯浴みのしきたり

他人と一糸まとわぬ姿で湯に浸る。温泉や銭湯で見られるそんな光景は、外国人の多くが驚く日本の習慣のひとつです。

「風呂」とはもともと、熱い蒸気による発汗で身体の汚れを落としていた「室《むろ》」に由来するといわれます。古くは、蒸し風呂と、お湯に身を浸す「湯」とは異なるものでした。

奈良時代に編まれた『出雲国風土記』（七三三年）には、温泉にまつわる話が登場します。玉造川のほとり（現在の島根県・玉造温泉）には万病が治る温泉があり、人々のあいだでは「神の湯」として崇められていました。

一方、湯水で身体を清めると功徳があるとされる仏教の教えから、奈良時代には、大きな寺院に浴堂が設けられ、貧しい人や病気の人たちに入浴を施す「湯施行《ゆせぎょう》」が行われていました。

鎌倉時代に入ると、お金を払って入浴する「湯屋《ゆや》」が現れ、これを銭湯の起源とする説もありますが、庶民のあいだに広まったのは江戸時代以降といわれています。心身を清め癒やす温泉や銭湯はまた、地域の人びとと触れ合い、その絆を深める憩いの場でもありました。

昨今、昔ながらの銭湯は減少の一途をたどっていますが、各地のクアハウスや立ち寄り湯は賑わいをみせ、外国人の姿も見かけるようになりました。

そこで守るべき入浴マナーは、次のとおりです。

①湯舟に入る前に身体の汚れを落とす（掛け湯）。
②湯舟にはタオルをつけない。
③風呂から上がるときには汗を流し、湯冷めをしないようにする（上がり湯）。
④脱衣場に上がる前に、濡れた身体をよく拭く。

端午の節句の菖蒲湯や、冬至の柚子湯などの習わしとともに、入浴マナーを守って、独自の湯浴みの習慣を日本の文化のひとつとして末永く守っていきたいものです。

縁起のしきたり

私たちはふだん、「縁起がよい」「縁起をかつぐ」などといって、科学的な根拠がなく、迷信といわれているにもかかわらず、縁起を信じて毎日を送っています。いまに伝わるしきたりや習わしにも、縁起にかかわるものは少なくありません。

「縁起《えんぎ》」とは、そもそも仏教用語である「因縁生起《いんねんしょうき》」を略したもので、万物は互いに関係し合っていて、その因縁によって何らかの事象が起こるという考え方です。いまでは縁起という言葉を「物事が起こる前兆」と解釈している人も多いのではないでしょうか。

なぜ縁起を信じる人が多いのか。その理由は、私たちが古来、神仏を篤く信仰してきたからといえるでしょう。見方を変えれば、神仏への信仰やそれに基づいたしきたり・習わしが時代を超えて広く浸透し、受け継がれてきたのは、小難しい教義や法令によってではなく、「○○をすると幸せになれる」とか「××をすると不幸になる」とか、縁起というとてもわかりやすい形で伝えられたから、ともいえるのではないでしょうか。

たとえば、本書二一頁で紹介した「六曜《ろくよう》」は、その日の吉凶を示す暦ですし、本書一〇八頁で取り上げる「厄年」も、縁起にかかわるしきたりです。

ここでは、縁起にかかわるモノや縁起かつぎのいくつかをご紹介します。

福を呼ぶさまざまな縁起物

縁起物の代表格といえば「だるま」でしょう。寺社の縁日などで見かけるだるまは、禅宗の開祖である達磨《だるま》大師がモデルとされています。もともとは中国の玩具に由来するとの説もありますが、日本では江戸時代以降、倒れてもすぐに起き上がることから、祈願成就や商売繁盛などの縁起物として広く親しまれるようになりました。

密教で万物の始まりと終わりを示す「阿吽《あうん》」の阿形《あぎょう》が左に位置すること（たとえば神社の狛犬やお寺の山門に立つ仁王像などのように）、あるいは、だるまを南向きに置くと、陰陽五行説で事物の始まりを示す東が左になることから、まず、だるまの左目を墨で書き、願いが叶ったときに右目を書くのが一般的となっています。ですが、その逆の順番で目を入れる地域もあり、明確な決まりはないようです。近頃では、だるまのご利益を存分に受けられるように、最初から両目を書いて祈願することもあります。

商売繁盛の縁起物として知られる「招き猫」は、東京・世田谷区の豪徳寺に伝わる招福観音に由来するという説がありますが、一般的に、右手を挙げているものは金運を招き、左手を挙げているものは人を招く、とされています。

神社への初詣でよく見かける「破魔矢《はまや》」も正月の縁起物です。こ

れは「射礼《じゃらい》」と呼ばれる正月の儀礼（弓の技を披露する）で使われる矢に由来するとされますが、邪気や厄を祓う縁起物として、毎年多くの人に求められています。破魔矢は、その年の凶の方角に向けたり、家の玄関に飾ったりする人もいるようですが、向ける方向に決まりはなく、お札と同様、神棚に祀るのが基本とされます。

合格祈願の縁起物といえば絵馬。絵馬はもともと、生きた馬を神仏に捧げていたことに由来するといわれています。それがやがて簡略化され、平安時代には現世利益を祈願する絵馬奉納の風習が定着したようです。

幸運や金運を「かき集める」という意味から縁起物になった飾り熊手、あるいは福熊手は、関東では毎年一一月の酉《とり》の市、関西では一月一〇日の十日戎《とおかえびす》で知られています。これが普及したのは江戸時代以降といわれています。

このほかにも、室町時代にはじまり、江戸時代に定着したといわれる「七福神《しちふくじん》」など、地域や寺社によってご利益があるとされる独自の縁起物が数多く伝えられています。

おみくじの由来と作法

一年の吉凶を占う「おみくじ」も、正月の初詣の名物のひとつです。

おみくじは、神社では「御神籤」、お寺では「御仏籤」と表しますが、現在のように個人の吉凶を占うおみくじの起源は、江戸時代に流行った「観音みくじ」とする説もあります。

これは、観音菩薩ゆかりのおみくじとされ、漢詩や和歌が書かれた紙で吉凶を占うものでした。「卦《け》」と呼ばれる吉凶を示す言葉は一般に、「大吉」「中吉」「小吉」「吉」「半吉」「末吉」「末小吉」「凶」「小凶」「半凶」「末凶」「大凶」の一二種類あり、この順で縁起がよいとされますが、卦の種類や縁起の良し悪しの順は、寺社によって異なります。

引いたおみくじは、「凶」の字があるもののみ、境内の木か寺社が用意した場所に結びます。そのさい、お祓いの意味を込めて、利き手ではない方の手で結ぶことが習わしとなっています。それ以外のおみくじは持ち帰るのが基本的な作法ですが、これも寺社によって異なりますので、それぞれの作法に従うのがよいでしょう。

縁起をかついだ言葉づかい

みなさんの身の回りにも、さまざまな縁起かつぎがあることでしょう。

たとえば、結婚式などの慶事の儀式や宴会を終了するさい、「お開きにする」といったり、「死」に通じる数字の四や「苦」に通じる九は「忌み数」として避ける習わしがあります。なかには語呂合わせや駄洒落に近いものもありますが、古くから伝えられている縁起や禁忌のしきたりには、たしなみを身につけ、守るための知恵が宿っているのです。

第三章

人生をすこやかに過ごすしきたり

chapter 3

Lifetime events

人生の節目に行われる数々の儀礼は、
歴史の中で培われてきた文化です。
それはまた、わたしたちの
健康と幸せへの祈りであり、
ひとの一生と心を
彩り豊かにしてくれるでしょう。

出産と育児のしきたり

出産は、いまもむかしも、子どもを産む女性にとって一大仕事。生まれてくる子どもにとっては晴れ晴れしい人生のスタートです。古くから、出産と育児にかかわるさまざまなしきたりが伝えられています。

帯祝い　腹帯を巻いて安産を祈る

「帯祝い」は、妊娠して最初に行われる安産祈願の儀式です。かつて出産は命がけ。生と死の境目にあって、新しい命をこの世に送り出し子孫を残すとても大切な営みでした。

江戸時代に始まったとされる帯祝いは、妊娠五カ月目の戌《いぬ》の日に、「岩田帯《いわたおび》」と呼ばれる腹帯を妊婦のお腹に巻いて、安産を祈る風習です。「帯役」という子宝に恵まれた夫婦の立ち会いのもと、赤飯などをみんなで食べてお祝いをし、夫妻で神社やお寺に行って安産を祈願します。

戌の日に行うのは、多産でお産が軽いといわれる犬にあやかってのこと。腹帯には「犬」の字を書きます。「岩田帯」の名は「斎肌帯《いはだおび》」に由来しますが、これは「斎」に「忌み」という意味があり、妊娠が「忌み」の期間であることにちなみます。腹帯にはまた、妊婦の腰を支え、お腹の中の胎児を守ったり、お腹を温めたりする実用的な役割もあります。

岩田帯は、妊婦の実家が用意するのが習わしで、帯の長さは七五三にちなんで七尺五寸三分（約二・三メートル）とされています。

お七夜　生後七日目の命名の儀礼

出産から生後七日まで、出産の神様である産神様《うぶがみ》が妊婦と赤ちゃんを守るといわれます。赤ちゃんが生まれると、「産飯《うぶめし》」と呼ばれるご飯を炊き産神様にお供えします。生後三日目には「産湯《うぶゆ》」という儀式を行い、穢れを祓って健やかな成長を祈ります。そして、生後七日目の夜が「お七夜《しちや》」です。産神様がお帰りになる日とされるこの日には、赤ちゃんに名前を付け、名前を記した奉書紙を神前や仏前、床の間などに貼って親戚や近所の人たちに披露し、みんなで赤飯や鯛など縁起のよい料理を食べてお祝いをします。

命名書は一カ月ほどしたらはずして、へその緒と一緒に大事にしまいます。こうして赤ちゃんは、この日から人としての人生を歩むことになります。

お宮参り　生後一カ月目のお参り

生後一カ月くらいにするのが「お宮参り」です。子どもを氏神様にご紹介し、氏子として認めていただいて、ご加護をたまわるための大切な儀礼です。一般的に、男子は生後三一日か三二日、女子は生後三二日か三三日に参拝するのがよいとされています。

産後に氏神様に参拝するしきたりは古くからありましたが、お宮参りが普及したのは室町時代以降といわれています。

お宮参りでは、子どもに晴れ着を着せ、姑（夫の母）が子どもを抱いて参拝するのが習わしです。これはかつて、産後七五日までは母親がまだ出産の忌みの中にあるからとも、産後の母親に無理をさせないためともいわれていたことにちなみます。また、魔除けのために、子どもの額に紅で「犬」「大」「小」などの文字を書く「あやつこ」と呼ばれる習わしが伝えられている地域もあります。

お食い初め　生後百日目に無事な成長を祈る

「お食い初め」とは、生後百日目に行う儀式です。子どものための祝い膳を用意し、年長者が「箸役」となって子どもに食事のまね事をさせる行事で、平安時代にはじまったといわれています。「箸揃え」「箸祝い」「百日《ももか》」などとも呼ばれ、子どもが無事に成長し、食べることに一生困らないように、との願いが込められています。

祝い膳の膳と箸は母方の実家が用意するのが習わしです。膳には、男の子なら朱塗りの、女の子ならば内側が朱塗りで外側が黒塗りの新しい椀と皿に、尾頭付きの鯛と赤飯（あるいは白飯）、煮物、香の物、お吸い物など一汁三菜を盛り付け、白木の柳箸とともに「歯固めの小石」として丸い小石を揃えます。

歯固めの小石は、氏神様の神社の境内から拾ってきて、これに子どもの名前を書き、お食い初めが終わった後、ふたたび氏神様に奉納します。子どもの魂の象徴とされる小石には、歯が丈夫になって食事がしっかりできるようにとの願いが込められている、との言い伝えがあります。

七五三　七歳を境に神から人の子になる

子どもはいつの間にか大きくなります。「七五三」がやってくると、あらためて子どもの成長の速さに驚く人も少なくないのではないでしょうか。

七五三は、三歳になった男女、五歳の男児、七歳の女児の成長を祝って、一一月一五日に氏神様にお参りし、子どもの健やかな成長を祈願する行事です。これは本来、別々の儀礼であった三歳男女の「髪置《かみおき》」、五歳男児の「袴着《はかまぎ》」、七歳女児の「帯解《おびとき》」が、江戸時代後期に一つにまとめられ、徳川綱吉の長男・徳松の祝いの日にちなんで一一月一五日に行うことになったもの。髪置は鎌倉時代、袴着と帯解は平安時代にその起源があるといわれていますが、七五三が現在のような行事になったのは明治以降のことでした。

かつては「七つ前は神のうち」といわれたように、幼児の死亡率が高かったため、こうした儀礼を通して人生の節目節目に無事な成長を確かめ、祝い、祈っていたわけです。

成人を祝う しきたり

現代の日本では、本人の意思にかかわらず、人は二〇歳をもっておとなになります。二〇歳になると、法律によって飲酒や喫煙が許されたり、選挙権などの権利を持てるようになるのと同時に、おとなとしてのさまざまな義務と責任を負うことになります。

一九四八年、「一月一五日は、おとなになったことを自覚し、自ら生き抜こうとする青年を祝い励ます日」として成人の日が制定されましたが、二〇〇〇年の法改正により、現在は一月の第二月曜日が成人の日となっています。

おとなの仲間入りをする年齢

成人の日には、男子は紋付羽織袴、女子は華やかな振袖に着飾った青年たちの集う光景が各地で見られますが、そんな現代の成人式のルーツは、戦後間もない一九四六年一一月二二日、現在の埼玉県蕨市で開催された「青年祭」といわれています。そのため、同市内の蕨城址公園には「成年式発祥の地」の記念碑が建っています（一九七九年建立）。

そもそも二〇歳を成年とすることになったのは、明治時代の徴兵制に由来します。男子は二〇歳になると徴兵検査を受けなければならず、それが事実上、一人前のおとなとして認められる成人式の意味を持っていました。

「元服」「裳着」に由来する通過儀礼

おとなになる儀式は、「元服《げんぷく》」（頭に冠をつけるの意）に由来します。

奈良時代の上流階級では、一五歳前後になると元服の儀式を行いました。男子の場合は、初めて髪を結う「初元結《はつもとゆい》」、初めて冠や烏帽子をかぶる「初冠《はつかんむり》」などの儀式があり、名前を幼名から元服名に変えました。女子の場合も、髪を結い上げる「髪上げ」、腰から下にまとう「裳《も》」を初めて身につける「裳着《もぎ》」などの儀式がありました。こうして身なりや名を変えることで成人の証としたのです。

『源氏物語』や『枕草子』などの平安文学にも、元服にまつわる話が登場しますが、こうした通過儀礼は、室町時代になると庶民にも広く浸透していきました。

一方、庶民は庶民で、成人の儀式を行っていました。地域によってその名称は異なりますが、子どもが一定の年齢になって「若者組」や「娘組」に入るさい、男子は腹掛《はらがけ》に替えて褌《ふんどし》を身につける「褌祝い」、女子は腰巻を身につける「湯文字《ゆもじ》（腰巻）祝い」が行われました。一部の地方では「褌祝い」は性教育の儀式であったともいわれますが、こうした通過儀礼の風習は、明治時代以降、しだいに廃れていきました。

「役は人をつくる」ともいいますが、通過儀礼が人を育てるのは、いまもむかしも変わらないのかもしれません。

婚姻のしきたり

婚姻、すなわち結婚も、人の一生における一大イベントです。それはいまもむかしも変わらないものでしょう。とはいえ、お互いに好きならば結婚できるかというと、そう単純なものでもありません。古来、結婚にはさまざまな形があり、それぞれにしきたりがありました。

伝統的な婚姻の形

婚姻は、民俗学や民族学といった学問においてもきわめて重要なテーマとなっているように、その土地の歴史や文化を色濃く反映する習俗といわれています。

日本では現在、民法により一夫一婦制と定められていますが、明治以前の上流社会、あるいは諸外国など、時代や地域によって、家や共同体の繁栄を目的とした一夫多妻制が見られました。

民俗学者の柳田国男によると、日本の婚姻の形には主に「婿入り婚」「足入り婚」「嫁入り婚」があり、この順で変遷してきたそうです。

「婿入り婚」は、古くは『源氏物語』にも描かれているように、男性が女性の生家に通うスタイルで、恋愛が発展して婚姻が成立すれば、その儀式を嫁方の家で執り行い、それから数カ月、婿が嫁方の家に通ったり同居したりした末に、夫婦の新居、あるいは婿方の家で生活を営みます。

「嫁入り婚」は、鎌倉時代以降、身分や家柄を重んじる武家社会に見られるスタイルで、いわば家同士の結婚です。嫁入り婚では、嫁は婿方の家に入りますが、これが江戸時代以降、一般庶民の間にも浸透していきます。

「足入り婚」は、婿入り婚と嫁入り婚の中間的なスタイルで、婚姻の儀式は婿方で行い、その後嫁が自分の生家に戻り、婿がそこに通います。そして一定期間をへて、婿方の家に移って一緒に暮らします。

家同士の結婚である嫁入り婚は、いまでもよく見られますが、明治以前の結婚式は、一般的に婿か嫁のどちらかの家で行うものでした。婿方の家で式を行う場合、白無垢を着た花嫁は仲人に付き添われて婿の家に向かいます。このとき、けっして戻ってこぬよう、嫁が使っていた茶碗を割ったり、死者を送り出すときのように門火を焚いたりする習わしがありました。いまでは想像しがたい風習ですが、当時はそれほどまでに覚悟が求められたことだったのです。

見合い・結納のしきたり

家を重んじる嫁入り婚では、「見合い」や「結納《ゆいのう》」が重要な儀式となりました。

見合いは、仲人《なこうど》が男女の間をとりもって、女性の家で二人を引き合わせる形が一般的でした。そのさい、男性が相手の女性を妻として気に入ると、出されたお茶を飲むか、お茶菓子を持ち帰るか、あるいは自分の扇子を置いて帰るかします。逆に、結婚の意思がない場合は、出されたお茶やお菓子には手をつけずに帰ります。そのようにして、男性の意思を伝える習わしがありました。

一方、明治以前の農村などでは見合いの慣習は見られず、主に「若者組」や「娘組」で取り組む祭などの行事を通じて結婚相手を探していました。

結納とは、婚約のしるしとして酒肴や金品を取り交わし、家と家との結びつきを祝う儀式です。そのスタイルは地域によってさまざまですが、一般的には次のような習わしとなっています（本書一〇三頁参照）。

関東では、両家ともに結納品を用意し、仲人が両家を行き来して結納品を届けることが多いようです。結納の儀式で用いられる品目は、九つの縁起物とされますが、これも地域によってさまざまです。

たとえば関東では、目録、長熨斗《ながのし》（のしあわび）、金包（結納金。婿側からは「御帯地料」、嫁側からはその半額を「御袴地料」といった名目で）、松魚節（かつおぶし）、寿留女（するめ）、子生婦（こんぶ）、友志良髪《ともしらが》（白い麻糸）、末広《すえひろ》（白無地の扇子）、家内喜多留《やなぎだる》（祝い酒）を用意します。

結納品のしきたり

関東式の結納品

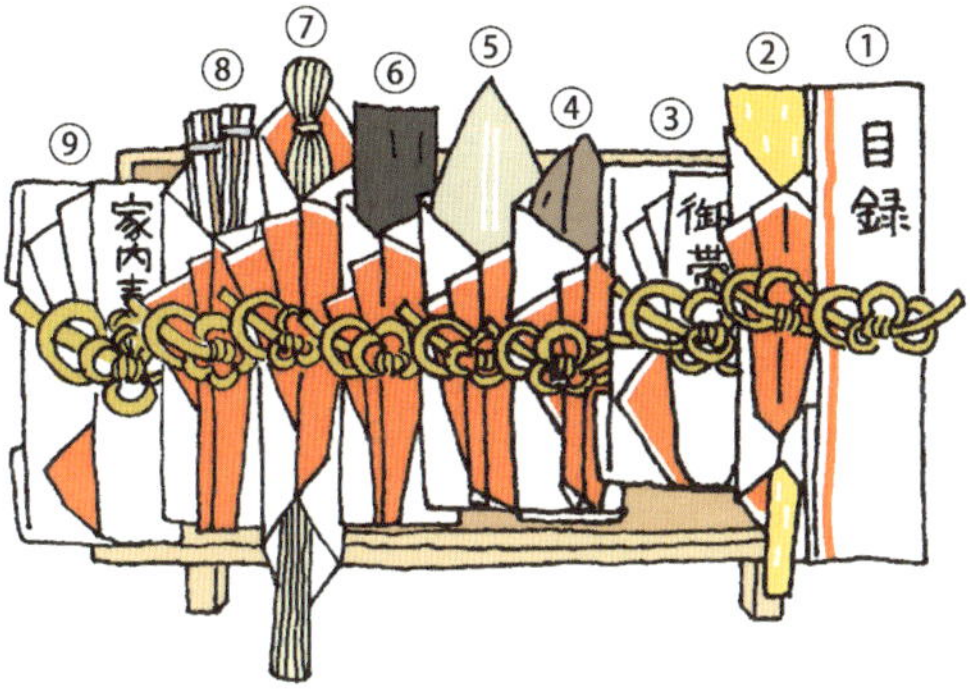

① 目録
② 長熨斗《ながのし》（のしあわび）
③ 金包《きんぽう》（結納金）
④ 松魚節（かつおぶし）
⑤ 寿留女（するめ）
⑥ 子生婦（こんぶ）
⑦ 友志良賀《ともしらが》（白い麻糸）
⑧ 末広《すえひろ》（白い扇子）
⑨ 家内喜多留《やなぎだる》（祝い酒）

関西式の結納品

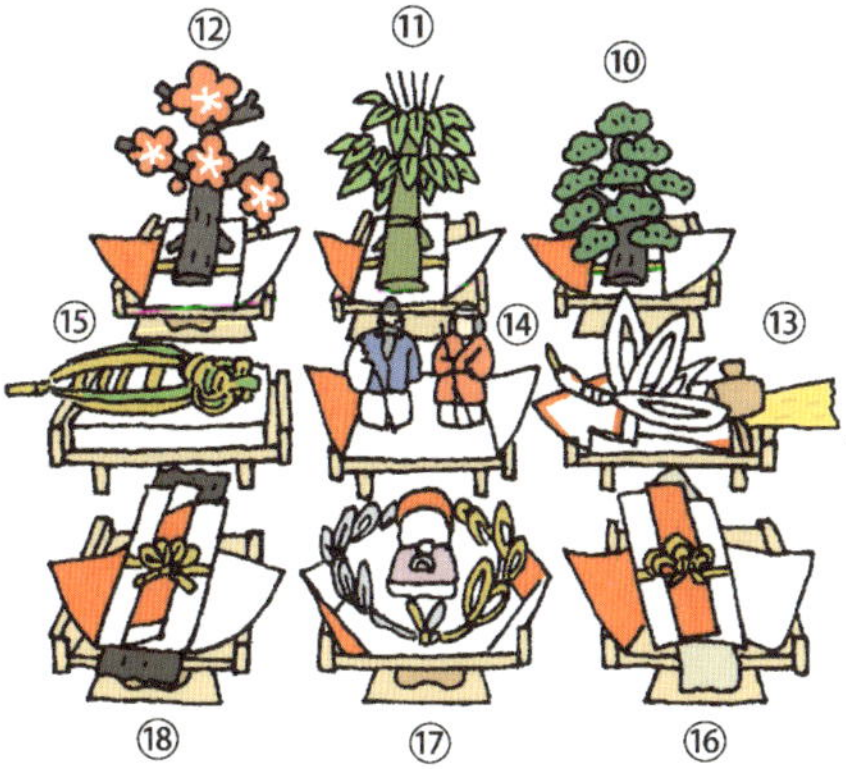

⑩ 松（帯地料）
⑪ 竹（家内喜多留料）
⑫ 梅（松魚料）
⑬ 熨斗あわび（鶴飾り）
⑭ 高砂（人形）
⑮ 末広（亀飾り）
⑯ 寿留女（するめ）
⑰ 結美和（婚約指輪）
⑱ 子生婦（こんぶ）

結納品の品数や内容、並べ方は地域によって異なりますが、正式には9品目の縁起物とされます。おおよそ関東では結納品をひとつの白台に並べ、関西では一品ごとに台に載せるのが基本です。また、品数は5、7、9など縁起のよい奇数で整えます。

関西の結納では、両家と仲人が一堂に会し、主に婿側が嫁側に結納品を贈ります。

結納の儀式は、古くは『日本書紀』にも見られますが、武家社会では主に裕福な階層の人びとの慣習で、一般に広まったのは明治以降です。

お色直しと引き出物の由来

結婚式はかつて、婿嫁どちらかの家で行うのが基本で、式場などで行うようになったのは明治以降のことです。それにともない、神社で行う神前式や、お寺で行う仏前式の結婚式がはじまったのですが、とくに神前式が普及したのは戦後です。

結婚式でおなじみの「お色直し」は本来、嫁方の家紋のついた白無垢から婿方の家紋のついた打掛へと衣装を替えることを意味しました。そこには、婚家の色に染まるという意味合いがあるとの説もあります。一説にはまた、嫁が花嫁道具として持参した衣装を列席者に披露したことの名残りともいわれています。

「引き出物」も結婚式には欠かせません。その呼び名は、平安時代の貴族が宴の客人への土産として、馬を引いて贈ったことに由来するといわれます。江戸時代には、鰹節や鯛の落雁などの縁起物が引き出物として重宝され、品数も割り切れない奇数が縁起がよいとされました。そこには、新郎新婦の感謝の気持ちとともに、いつまでも仲むつまじくという想いが込められています。

column

東と西で異なるしきたり

言葉のイントネーションから笑いの感性まで、その違いについてさまざまにいわれるのが「関東」と「関西」です。古くから、食文化をはじめ、しきたりや習わしに関する違いがよく知られています。

その筆頭は、お正月のお餅の形でしょう。四角い切り餅を用いるのが関東で、関西は丸餅です。

そもそもお餅は手で丸めてつくりますが、江戸時代以降、人口が増えていた江戸やその周辺では、生産性をあげるための合理化と簡素化の末に、切り餅を用いるようになったのだとか。ちなみに、丸餅は「望月」につながり、欠けるところなく円満であることを表しているそうです。

さらに、お正月に食べる雑煮では、お餅を一度焼いてだしに入れるのが関東式で、丸餅を焼かずにそのままだしに入れて煮るのが関西式です。

お寿司の起源は、発酵させた飯と魚をあわせた「馴れずし」で、もともと京の都の朝廷に全国から献上された貢物でした。これがのちに、京都や大阪の「箱寿司」や「押し寿司」となります。

かつてはお店で買って持ち帰るものだったのですが、せっかちな江戸っ子は、握った酢めしに魚の切り身をのせてその場で食べるようになり、これが江戸前鮨のはじまりといわれます。さながら当時のファストフードだったのですね。

そのほかにも、正月魚（サケとブリ）や麺類（そばとうどん）、結納品や水引の色、着物の柄や髪型など、関東と関西で異なるものがたくさんあります。これは、日本の地形や気候が地域によって変化に富んでいるからで、その環境にあった食文化や生活習慣が地域の特徴を生み出しているのです。

東と西の境界は、都を守る三つの関所（逢坂関［近江］、鈴鹿関［伊勢］、不破関［美濃］）だとか、箱根であるとか、はたまた糸魚川静岡構造線（フォッサマグナ）であるとか、種々の説がありますが、実際に食文化や風習を体験して、その文化の境界線をたどってみるのも面白いかもしれません。

年祝いと厄年のしきたり

日本はいまでは、世界有数の長寿国となりましたが、近世以前の平均寿命は五〇歳に満たなかったともいわれ、古くから伝わる習わしにも、健康や長寿への人びとの強い願望がうかがえるようです。

年祝い　長寿にあやかるお祝いの儀式

「年祝い」は、長寿に達したことを喜び、お祝いする儀式です。周りの者がその長寿にあやかる行事でもあります。「算賀《さんが》」「賀寿《がじゅ》」ともいわれる年祝いのはじまりは奈良時代。中国から伝来した風習です。古くは、数え年四〇歳から一〇年ごとに、「四十の賀」「五十の賀」というふうに祝っていました。現在のように数え年六一歳の還暦からお祝いするようになったのは、室町時代の末期頃からといわれています。

還暦とは「暦が還る」という意味です。これは十干《じっかん》（甲乙丙丁戊己庚辛壬癸）と十二支《じゅうにし》（子丑寅卯辰巳午未申酉戌亥）の組み合わせである六〇の干支《かんし》が、六〇年でひとめぐりしてもとの干支に還ることに由来し、「本卦還り《ほんけがえ》」とも呼ばれます。

還暦のお祝いには、赤いちゃんちゃんこや頭巾などを贈りますが、これには還暦を二度目の誕生として、さらに元気で長生きを、という意味合いがあります。

七〇歳以上の年祝いの数々

年祝いは還暦だけではありません。七〇歳は古稀《こき》。これは中国の唐の詩人・杜甫の『曲江詩』にある「人生七十古来稀なり」という一節にちなんだものといわれています。七七歳は喜寿《きじゅ》で、喜の草書体が「七十七」と読めることに、八〇歳の傘寿《さんじゅ》は、傘の略字が「八十」と読めることに、八八歳の米寿《べいじゅ》は米の字が「八十八」と見えることに、さらに九〇歳の卒寿《そつじゅ》は、卒の草書体が「九十」と読めることに由来します。そして九九歳は白寿《はくじゅ》。「百」から頭の「一」を取ると「白」になることにちなむ年祝いです。

まだまだあります。一〇〇歳は上寿《じょうじゅ》（百寿とも百賀とも）、一〇八歳は茶寿《ちゃじゅ》、一二一歳は二回目の還暦ということで大還暦《だいかんれき》。一〇〇歳以降は毎年、年祝いをします。

年祝いのしきたりは、地域によって異なりますが、沖縄では「カジマヤー」と呼ばれる九七歳の年祝いがあります。九七歳になると子どもにかえるという伝承から、旧暦九月七日に風車（カジマヤー）を手にオープンカーに乗って集落をパレードするなど、たいへん盛大に祝います。これは、明治の頃まで行われていた、生前に葬式のまねごとをする儀式に由来するとされ、当時は死装束を身につけて集落の四辻を廻っていました。

長寿を祝う年祝いはそもそも、数え年で行うものですが、いまでは還暦を除くと満年齢で祝うことが多いようです。

厄年　人生の節目に息災を願う

「厄年《やくどし》」は迷信とされながらも、私たちにはなじみ深い習わしです。

厄年とは、怪我や病気などの災厄に最も遭いやすいとされている年齢のこと。この年には、物忌みをしたり、派手な振る舞いを避けたり、行動を慎まなければならないとされています。

厄年は、陰陽道に由来するといわれ、平安時代の貴族の間では毎年厄払いをしていたそうです。はじめは公家や武士の間で、やがて江戸時代には、暦の普及とともに庶民の間にもこの風習が広まり、神社仏閣での厄除け儀礼が流行しました。いまでは、厄年は一種の成人儀礼になっているという見方もあります。

男性の厄年は、数え年で本厄となる二五歳、四二歳、六一歳とそれぞれの前後の年（前厄、後厄）、女性の厄年は、一九歳、三三歳、三七歳とそれぞれの前後の年。なかでも男性の四二歳は「死に」、女性の三三歳は「さんざん」に通じることから大厄とされ、一生で最も用心しなければならない年といわれます。もともとは、数え年で自分の干支の年（年男、年女）が厄年とされていました。厄年には家を建てたり、結婚や出産をすることを避けたほうがよいとする言い伝えがあります。

大厄は身体をいたわる年

厄払いには神社仏閣へ参拝し、祈禱してもらうのが一般的ですが、そのほかにも禊《みそぎ》をする（身体を川や滝、海などの水で洗い清めること）、祭のときに神役をする、餅や豆をまいて身についた厄を落とす、厄除けになる物を身につける、お金を撒くなど、さまざまな厄払いの方法があります。

かつて厄年は、人生において、共同体や社会の一員として節目となる時期でもありました。女性は三三歳の大厄の頃には、実家との関係も薄れ、婚家では姑に代わって一家を切り盛りするようになる時期でした。男性は四二歳になると、村の神事や祭事のさいに重要な役割を果たしたり、村をとりしきる立場になることも多く、神事を行うために物忌みをする年回りでもあり、「役年」が「厄年」に転化したという説もあります。

また、女性の三三歳は出産、子育てと身体への負担が大きくなる年頃で、体調を崩しやすい時期です。男性の四二歳もまた、責任のある地位に就いたり、体力が衰えてきたり、精神的にも肉体的にも疲労が多くなる時期でもあり、大厄は男女とも生理的な節目にあたる年ともいえます。そのために、健康に留意することを促す意味合いも込められていたのでしょう。厄年には、先人の人生経験といたわりの気持ちが感じられるようです。

葬儀のしきたり

誰にでも例外なく訪れる人生の締めくくりのとき。葬儀は、死者を弔い故人を偲ぶ大切な儀式であり、葬儀でのさまざまな習わしには、人びとの死生観が反映されています。

先祖の霊は守り神になる

古来、日本では、死とは穢れであり、怖れでした。

日本最古の神話である『古事記』には、いかにして生と死が分かたれて、死が穢れとなったのかが描かれています。

はじめに、イザナギノミコトとイザナミノミコトが夫婦となって国土や神々を産みました。そのとき、火の神を生んで大やけどをしたイザナミは死んでしまいます。イザナミを追って黄泉《よみ》の国を訪れたイザナギに、イザナミが言うことには「黄泉の国のものを食べたので戻れないが、黄泉の国の神様に頼んでみる。その間、決して自分の姿は見ないでほしい」。しかし、待ちきれなかったイザナギがこっそりのぞくと、そこにはウジ虫にたかられ雷神にまとわりつかれたイザナミの恐ろしい姿がありました。逃げ出すイザナギ、追いかけるイザナミ。そこでイザナギは、死の世界である黄泉の国の入口を石で塞ぎます。そして、死の穢れを洗い流す禊《みそぎ》を行うのです。

民俗学者の柳田国男は、先祖の霊である「祖霊」は日本人にとって特別な存在であると語っています。柳田によると、日本人は、亡くなった家族の霊は長い年月のなかで浄化されて「祖霊」となると考えていて、その祖霊は「氏神様」と融合して、あの世とこの世を行き来しつつ、いつも身近で子孫を見守っているそうです。

このような考え方は、私たちにとってごく自然なことのように思えますが、こうした日本人の死に対する考え方や信仰に基づいて形づくられてきたのが、日本の葬儀のしきたりといえるでしょう。

死者をあの世へ送り出す儀式

日本の葬儀は、仏教から大きな影響を受けているといえます。

仏教の考え方では、亡くなった人は、この世とあの世の間にある「中陰《ちゅういん》」と呼ばれる世界を四九日間かけて旅をします。その間、七日ごとに生前のおこないについて裁きにかけられ、四九日目に六道《りくどう》（地獄道・餓鬼道・畜生道・修羅道・人間道・天道）のいずれかに輪廻転生の先が決まります。この過程が、初七日《しょなぬか》（死後七日目）、二七日《ふたなのか》（死後一四日目）、三七日《みなのか》（死後二一日目）といったいわゆる仏式の法要に対応します。

死後四九日目にあたる四九日《しじゅうくにち》の法要の後は、百カ日（死後一〇〇日目）、一周忌（死後満一年）、三回忌（死後満二年）、七回忌（死後六年目）、一三回忌（死後一二年目）、一七回忌（死後一六年目）、二三回忌（死後二年目）、二七回忌（死後二六年目）、三三回忌（死後三二年目）と続き、三三回忌で「弔い上げ」となります。このとき、死者は新精霊という個別の霊から祖霊（先祖の霊）と一緒になるといわれます。

それでは、臨終から告別式までの基本的な流れを見てみましょう。

臨終　死出の旅の支度を整える

臨終間際になると、死にゆく人の唇を「末期《まつご》の水」で潤します。これは、お釈迦様が死を前にして喉の渇きを訴えたときに、お釈迦様に帰依していた鬼神が遥かな山の清い水を捧げた故事に由来しています。

臨終を迎えるとすぐにご飯を炊き、茶碗に山盛りにして箸を立て、枕元に置きます。これを「枕飯《まくらめし》」といいます。地域によっては「枕団子」を供えます。死者は信濃の善光寺や熊野の那智の妙法山にお参りするという信仰から、そのための食事を用意するのです。

そして、死者の体を清める「湯灌《ゆかん》」または「清拭《せいしき》」が行われます。黄泉の国への旅立ちの支度です。男性は髭を剃り、女性には死化粧を施し、髪を整えます。

次に、経帷子《きょうかたびら》と呼ばれる経文を記した着物を左前にして（ふだんの着物とは逆にして）着せます。頭には三角巾、手足には手甲《てっこう》と脚絆《きゃはん》をつけ、足袋を左右逆に履かせます。これは、死が生の逆であることから来ている「逆さ事」という習わしです。そして杖、数珠、草鞋《わらじ》、三

死装束（仏式）

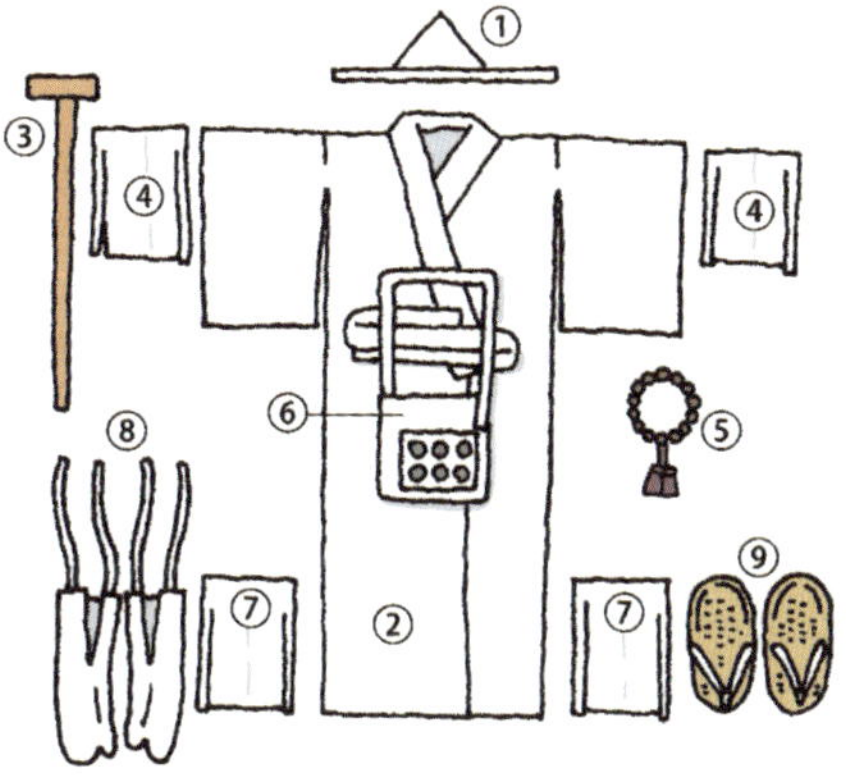

① 三角巾《さんかくきん》
② 経帷子《きょうかたびら》
③ 杖
④ 手甲《てっこう》
⑤ 数珠
⑥ 頭陀袋《ずだぶくろ》（六文銭入り）
⑦ 脚絆《きゃはん》
⑧ 足袋
⑨ 草鞋《わらじ》

死装束とは、冥土への旅の衣装です。信仰する宗教によって異なりますが、仏式では上記の装束を整えて死者を弔います。

枕飾り（仏式）

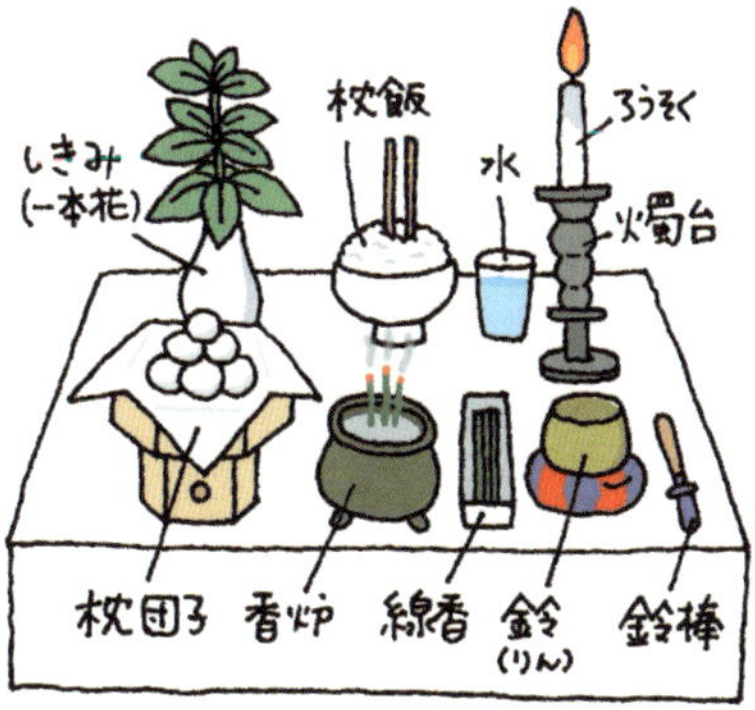

枕飾りとは、亡くなった人の枕元に、納棺するまで飾っておく仮の祭壇です。仏式では上記のように飾ります。

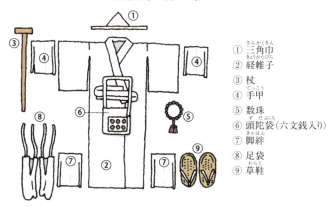

途の川の渡り賃とされる六文銭を収めた頭陀袋《ずだぶくろ》を持たせて「死装束《しにしょうぞく》」を整えます（本書一一三頁参照）。

旅の支度が整った死者は、北枕で寝かせて、胸の上に魔除けの刀を置きます。枕元には納棺までの仮の祭壇となる「枕飾《まくらかざ》り」を設えます。

仏式では一般に、白木の台に香炉、燭台、鈴《りん》、しきみを挿した花瓶、水、枕飯などを用意します。枕飾りでは線香もろうそくも花も一本のみとしますが、これには二度と起こらぬようにという意味合いがあります（本書一一三頁参照）。

死装束と枕飾りの用意を終えたら、僧侶を迎えて「枕経《まくらぎょう》」をしてもらい、その後、戒名を付けていただくことになります。

通夜　死者に夜通し付き添う

告別式の前夜に行われる「通夜《つや》」は、そもそも古代の殯《もがり》に由来するといわれています。殯とは、亡くなった人を本葬するまでの間、その遺体を安置し、別れを惜しみ、死者の霊魂を慰める儀礼です。そこには死者の復活の願いもありました。

通夜では、灯明や線香の火を絶やさないように、近親者が亡くなった人を夜通し見守ります。これは、死出の旅の道中を明るく照らすための習わしです。地域によっては、近親者が遺体と添い寝したり、女性たちだけで遺体を見守ったりするところもあります。

告別式　最後のお別れの儀式

亡くなってから埋葬までの宗教儀礼を「葬儀」といい、そのなかでも故人の近親者や知人たちによる別れの儀式を「告別式」といいます。一般的に、告別式は友引の日を避けます。この日は友を（死に）引き込まないよう、弔事を慎むしきたりがあるからです。

告別式は、読経、焼香、出棺という流れで進行します。香りで仏前を清める焼香の習慣は、仏教とともに伝えられたものといわれています。

出棺の前には、お棺に花を入れる「別れ花」をし、お棺のふたを閉じる「釘打ち」を行います。霊は金槌を嫌うとされているので、釘打ちは小石で一人二回ずつ打ちます。出棺のさいには、死者が使っていた茶碗を割ったり、死者が家に戻って来ないよう、火葬場への行き帰りの道をあえて変えたりする習わしもあります。

火葬場から戻ると、塩で身を清めてから家に入りますが、この習わしは神道由来のもので、死を穢れと見なさない仏教の教義に反するという考えもあります。

火葬場から家に遺骨を迎える「遺骨迎え」をした後、その遺骨を「後飾り」と呼ばれる祭壇に安置します。遺骨迎えの後は僧侶による「還骨勤行《かんこつごんぎょう》」の読経、初《しょ》七日《なぬか》の法要と続き、そして四九日《しじゅうくにち》で忌明けとなります。納骨は、仏式では一般的に四九日の法要が済んだ日に行います。実際には慌ただしくなりますが、心を込めて故人を弔いたいものです。

しきたりのある暮らし
その2
わたくし、旧暦や茶道のイラストエッセイを出しております
お茶のお稽古に和服で通い、旧暦的行事にも親しんできました
が、
結婚後は仕事と家事と育児でお稽古は中断…
あば
0才
おなかすいたー
ごはん何ー
16才
12才
それでも
玄関に季節感のある箸置きや野草を飾ったり、
一月
三月
五月
無理のない範囲で行事を楽しんでいます
2013年
ベランダで月見
いろんな形の白玉だんご
2014年
窓から見るだけだんごは作らず

お茶の先生とは今でもときおりメールや手紙でやりとりをするのですが、
娘の誕生を知らせた時、
NIPPON
50
日本郵便
NIPPON
日本郵便
60
手紙にはお祝いの品を見つけたこと、娘が美しい夢を見て育って欲しいと願っていることが綴られていました
型染のグリーティングカード
母子像の美しい昔の切手が貼られた手紙が届きました
その羽立日に届いたのが紅い会津塗の宝石箱。オルゴール付で曲目は
「星に願いを」
金蒔絵が施されてある
手紙のあとにプレゼントが別便でやってくる、その空白の間のワクワク感と、そうした手間をかけてもらったことも貴重なプレゼントとなりました
カパッ

お茶の先生に限らず
たくさんの方が
娘の誕生を寿ぎ、
御祝を贈って
くださいましたのに
うーん
内祝のための
カタログなどから
選ぶより、地元
兵庫ならではの
ものをとこだわって
いるうちに…
なんと
成長
半年以上経ち、
ずい分と失礼を
してしまっていた
のです…
どないしよ
おかーちゃん
あんまり
間が空くと
赤ちゃんに
何かあったかと
心配させるよ
お茶の先生には
クリスマスの時期に
クリスマスらしい
お菓子の詰め合わせ
を内祝に送り
ましたら、
MERRY CHRISTMAS
箱が
クリスマス仕様
R花亭のセット
次の日には
先生から御礼の
はがきが…!!
若馬のポスト
カード
NIPPON 62
人間国宝
蝋型鋳金家
佐々木
象堂作
「駃騠(けってい)」
馬の切手

幾まわり差かはナイショ
ショ!!
はがきが馬尽くしなのは、先生と娘が同じ午年生まれだから!
いただきものの御礼は早いほど気もちがよいものです。贈る方も贈られる方も
い、いわないで…
御礼が遅れがち
電話でもメールでも気もちを形にするのが大事
M印のアクリルケースひきだしに記念切手コレクション
文箱
一筆箋コレクション
手紙をしたためるゆとり
ポストカードコレクション
書き心地が気に入っているペンや筆
その時間を惜しまないことでしきたりは受け継がれてゆくのです

春夏秋冬しきたり一覧

＊四季は暦の立春・立夏・立秋・立冬（四立）を基準に区切ったため、実際の季節感とずれる場合があります。日取りは新暦としました。

	春		
和風月名（新暦月）	如月（二月）	弥生（三月）	卯月（四月）
季節	初春	仲春	晩春
二十四節気（日取り）	立春（二月四日頃） 雨水（二月十九日頃）	啓蟄（三月六日頃） 春分（三月二十一日頃）	清明（四月五日頃） 穀雨（四月二十日頃）
五節句		上巳（三月三日）	
雑節（日取り）	節分（二月三日頃）	春の彼岸（春分前後三日間） 春の社日（春分に最も近い戊の日）	
旬の食材など	春菊、菜の花、ほうれん草、京菜、蛤、わかさぎ、めばる、さより、伊予かん、ぽんかんなど	ふきのとう、春大根、新玉葱、にら、うど、鰆（さわら）、ホタルイカ、帆立貝、サザエ、イチゴ、はっさくなど	筍、わらび、たらの芽、キャベツ、アスパラガス、ウニ、桜えび、アサリ、真鯛、キウイなど
年中行事・祭など	旧正月、初午、針供養（関東地方）、梅見、豆まき、恵方巻、さっぽろ雪まつり	雛祭り（上巳の節句）、お水取り（奈良・東大寺）、お墓参り（春の彼岸）、卒業式	お花見、シーミー祭（沖縄）、花祭り（お釈迦様の誕生日）、新年度（入学式、入社式）

夏		
皐月（五月）	水無月（六月）	文月（七月）
初夏	仲夏	晩夏
立夏（五月五日頃）	芒種（六月六日頃）	小暑（七月七日頃）
小満（五月二十一日頃）	夏至（六月二十一日頃）	大暑（七月二十三日頃）
端午（五月五日）		七夕（七月七日）
八十八夜（五月二日頃）	入梅（六月十一日頃）	半夏生（七月二日頃） 夏の土用（立秋前の十八日間）
空豆、さやえんどう、らっきょう、にんにく、レタス、鰹（かつお）、真鯵、鱚（きす）、カマス、メロンなど	新生姜、キュウリ、ミョウガ、玉葱、鮎（あゆ）、鮑（あわび）、車エビ、シマアジ、真蛸、サクランボ、杏、枇杷（びわ）など	トマト、茄子、オクラ、枝豆、鰻（うなぎ）、鱧（はも）、穴子、するめいか、桃、西瓜など
菖蒲湯（端午の節句）、葵祭（京都・上賀茂神社／下鴨神社）、三社祭（東京・浅草神社）、博多どんたく、母の日、田植え	衣替え、川明（鮎釣り解禁）、貴船祭（京都・貴船神社）、父の日、夏越しの祓	祇園祭（京都・八坂神社）、山開き、ほおずき市（東京・浅草寺）、七夕、那智の火祭（和歌山・熊野那智大社）

秋

	葉月（八月）	長月（九月）	神無月（十月）
和風月名（新暦月）	葉月（八月）	長月（九月）	神無月（十月）
季節	初秋	仲秋	晩秋
二十四節気（日取り）	立秋（八月七日頃） 処暑（八月二十三日頃）	白露（九月八日頃） 秋分（九月二十三日頃）	寒露（十月八日頃） 霜降（十月二十三日頃）
五節句		重陽（九月九日）	
雑節（日取り）		二百十日（九月一日頃） 二百二十日（九月十一日頃） 秋の彼岸（秋分前後三日間） 秋の社日（秋分に最も近い戊の日）	秋の土用（立冬前の十八日間）
旬の食材など	トウモロコシ、南瓜（かぼちゃ）、冬瓜（とうがん）、鱸（すずき）、太刀魚、葡萄など	じゃがいも、さつまいも、里芋、椎茸、舞茸、秋茄子、秋刀魚（さんま）、戻り鰹、鰯（いわし）、鮭、梨、柘榴（ざくろ）など	ごぼう、山芋、松茸、銀杏、しめじ、蓮根、ほっけ、秋鯖、無花果（いちじく）、栗、落花生など
年中行事・祭など	お盆（盂蘭盆会）、ねぶた祭（青森）、竿燈まつり（秋田）、仙台七夕まつり、阿波おどり（徳島）、エイサーまつり（沖縄）	お月見（仲秋の名月）、お墓参り（秋の彼岸）、おわら風の盆（富山）、岸和田だんじり祭（大阪）、敬老の日、稲刈り	衣替え、えびす講、時代祭（京都・平安神宮）、神嘗祭（三重・伊勢神宮）、芋煮会（収穫祭）、十三夜

冬

睦月（一月）	師走（十二月）	霜月（十一月）
晩冬	仲冬	初冬
小寒（一月六日頃） 大寒（一月二十日頃）	大雪（十二月七日頃） 冬至（十二月二十二日頃）	立冬（十一月七日頃） 小雪（十一月二十二日頃）
人日（一月七日）		
冬の土用（立春前の十八日間）		
春の七草（せり、はこべら、すずな、なずな、すずしろ、ほとけのざ、ごぎょう）、小松菜、慈姑（くわい）、甘海老、鰤（ぶり）、鱈（たら）など	白菜、大根、葱（ねぎ）、鮪（まぐろ）、河豚（ふぐ）、鮟鱇（あんこう）、たらば蟹、柚子、蜜柑など	蕪（かぶ）、にんじん、野沢菜、金目鯛、ししゃも、牡蠣、柿、林檎など
初詣、書き初め、七草粥、だるま市（群馬）、十日戎（関西地方）、鏡開き、成人の日、小正月、左義長（どんど焼き）	針供養（関西・九州地方）、煤払い（正月事始め）、柚子湯（冬至）、クリスマス、忘年会、年越しの大祓、大晦日	亥の子、文化の日、七五三、酉の市（関東地方の鷲神社）、新嘗祭（勤労感謝の日）、紅葉狩り、炉開き

参考文献

『日本人のしきたり』飯倉晴武　青春出版社
『しきたりの日本文化』神崎宣武　角川学芸出版
『日本人なら知っておきたい暮らしの歳時記』
新谷尚紀　宝島社
『日本のしきたりがわかる本』新谷尚紀
主婦と生活社
『12ヶ月のしきたり』新谷尚紀　PHP研究所
『和のしきたり　日本の暦と年中行事』
新谷尚紀　日本文芸社
『英語対訳で読む日本のしきたり』新谷尚紀
実業之日本社
『こころもからだも整う しきたり十二か月』
井戸理恵子　かんき出版
『冠婚葬祭　マナーの便利帖』岩下宣子
高橋書店
『暮らしの健康ことわざ辞典』西谷裕子
東京堂出版
『食のことわざ歳時記』平野雅章　講談社
『絵で楽しむ江戸のことわざ』時田昌端
東京書籍
『平安時代史事典』角田文衞　角川書店
『温泉と日本人』八岩まどか　青弓社
『温泉 自然と文化』社団法人日本温泉協会
『養生訓』貝原益軒（松田道雄訳）
中央公論新社
『12か月のきまりごと歳時記』
（現代用語の基礎知識2008年版別冊付録）
自由国民社

寄稿

川口澄子　かわぐち・すみこ
1973年生まれ。画工。書籍や雑誌等で挿絵やイラストルポを手がける。著書に『旧暦ライフ温故知新』『東洋見聞録医の巻』（ともにピエ・ブックス）、『七十二候美味禮讃』（三浦俊幸との共著、小学館）、『お茶のすすめ お気楽「茶道」ガイド』（WAVE出版）など。

荒川洋平　あらかわ・ようへい
1961年生まれ。東京外国語大学教授。専門は認知言語学。著書に『もしも…あなたが外国人に「日本語を教える」としたら』（スリーエーネットワーク）、『日本語という外国語』（講談社現代新書）、『デジタル・メタファー』（東京外国語大学出版会）など。

扉写真

amanaimages
daj(p.10/92) Datacraft Co,Ltd(p.26)
RYO(p.64)

あとがき

あなたは、日本の魅力を紹介できますか？

いま、日本を訪れる外国からの観光客が増えています。

かつて、日本は経済大国として世界に知られていましたが、最近は日本の文化を世界にアピールする動きが見られるようになりました。また、このところ世界からも日本の文化に大きな関心が寄せられています。

そんななかで、あなたなら、外国の人たちに日本の文化として何を伝えますか？四季のある豊かな自然、そしてそこから生み出され、大切に受け継がれてきた食べ物、ものづくりの技、芸術、行事、しきたりなど、数えあげればきりがありませんが、これらもまた、日本の大きな魅力ではないでしょうか。そこには、先人たちが育んできた「こころ」もしっかりと息づいています。

日本で生まれ育った私たちには当たり前のことでも、外国の人たちには不思議に見えることがあったりします。そこで、日本の自然と文化の魅力を、まず私たち自身が見直し、学び直し、それらを後世と世界の人たちに伝えていきたい。そうした想いをこの「日本のたしなみ帖」というシリーズに込めました。

このシリーズが、私たちの暮らしをより健やかに愉しく、こころ豊かにするきっかけとなり、さらに、異文化理解の一助になることを願ってやみません。

Afterword

Can you introduce people to the things that give Japan its charm?

What is appealing about Japan to you?

Once, Japan was known around the globe as an economic great power, but in more recent years there have been visible moves to emphasize the attractions of the country's culture to the outside world. Furthermore, people elsewhere have likewise been demonstrating great interest in Japanese culture these days.

Japan has a rich natural environment with a beautiful landscape that shows off the changing seasons. This combination has produced so many charming features that have been carefully maintained over the centuries that one could never count them all, spanning food, techniques of craftsmanship, performing arts, observances, and customs. The "soul" that our forerunners nurtured likewise remains a robust presence.

Some of the things that are a matter of course to we who were born and have grown up in Japan may even seem mysterious to non-Japanese. In that light, we ourselves want to first take a fresh look at what's appealing about Japan's natural environment and culture, learn it anew, and then pass on what we have learned down the generations and out into the wider world. That sentiment has been infused into the *Nihon no tashinami-cho* [Handbooks of Japanese taste] series.

It is our hope that this series will present opportunities for the lives of its readers to become more healthy and enjoyable, enrich their spirits, and furthermore for taking a fresh look at their own cultures.

装幀・本文デザイン
宇賀田直人

表紙カバー・帯図案
榛原聚玉文庫所蔵　榛原千代紙「色硝子」（紫）

イラストレーション
たむらかずみ

編集協力
real arena／小塚久美子

英訳
Carl Freire

DTP
IM PLANNING

日本のたしなみ帖

しきたり

２０１５年２月27日　第１刷発行

編者——『現代用語の基礎知識』編集部
執筆——竹中龍太／姜信子／的場美香

発行者——伊藤滋
発行所——株式会社自由国民社
東京都豊島区高田３-13-10
０３-６２３３-０７８１（営業部）
０３-６２３３-０７８８（編集部）
０３-６２３３-０７９１（ファクシミリ）

印刷——株式会社光邦
製本——新風製本株式会社